攻心話術

掌握對話主導權的九大商場實戰心法

心理洞察×精準對答×高效說服，
切合對方需求，讓合作機會主動找上門

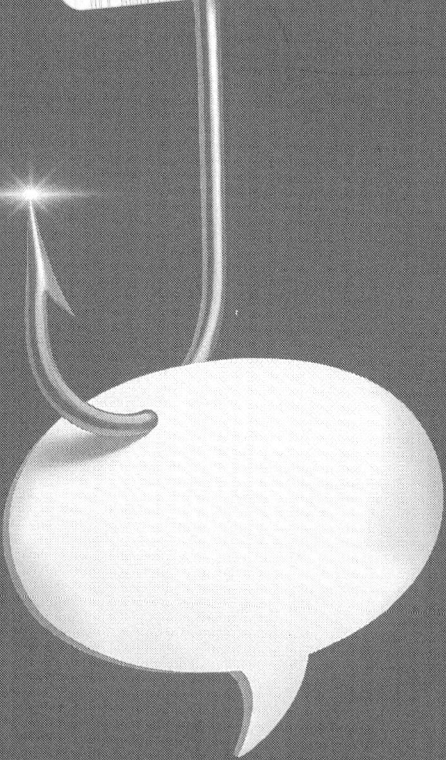

VERBAL POWER

為什麼說得這麼多，卻無法說服對方？
好話術，是看懂人心再開口

顧知遠 著

精準拆解對方未說出口的顧慮
擊中痛點，一句就足夠

目錄

前言
說話力，才是真正的競爭優勢

在這個資訊爆炸、溝通過載的時代，光靠專業與努力，已經不足以讓人脫穎而出。無論是面對客戶提案、主管簡報，還是日常社交，能夠精準掌握話語的力量，才是決定成敗的關鍵。話術不是空泛的口才訓練，而是一套深思熟慮的實戰策略，懂得運用，才能在關鍵時刻贏得對方認同。

你是否曾經有過這樣的情況？明明準備充分，卻總在開口那一刻語塞；明明觀點犀利，卻因為表達不當讓人反感；又或者，你在談判桌上話語被對方牽著走，最後只能無奈妥協。其實，這些都不是能力的問題，而是你還沒找到有效掌控對話的技術。

本書，正是為了解決這些痛點而寫。從如何巧妙開場、精準讀懂對方心理，到如何設計問題引導對話，甚至遇到質疑時如何化解難題，我將一步步帶你拆解對話背後的邏輯，讓你在任何情境下，都能自信而靈活地掌控全局。

全書九個章節，都是實戰技巧的累積。這不僅僅是一本書，更是一場關於溝通力的全方位訓練。你會學會如何在初次見面時快速建立信任感，也能掌握讓對方在潛意識中認同你的話術技巧。最重要的是，這些技巧一旦內化，將成為你一輩子的核心競爭力。

我們無法選擇總是遇上善解人意的聽眾，但我們可以選擇用對的方法表達自己。話語的力量，不只改變當下對話的氛圍，更能為你打開無數機會之門。現在，就讓我們從這裡開始，重新掌握溝通主導權，讓你的每一句話，都能產生影響力。

第一章

對話的起點，掌握第一印象

開場白的戰略運用

黃經理是國際科技公司的業務主管，平時業務繁忙，卻從不輕忽每一次會議前的準備工作。某天，他參加一場跨國業界交流會議，與來自不同國家的合作方會面。在這樣的多語環境與複雜背景下，氣氛難免顯得拘謹。

多數與會者只是按照慣例做簡單自我介紹，輪到黃經理時，他微笑著說：「我研究過貴公司最近在亞洲市場的拓展策略，尤其是資訊安全這塊令人印象深刻。我們近期也在開發相關技術，今天特別期待與您交流彼此經驗。」

這幾句話，看似簡單，實則精準。黃經理不僅表達了充分的事前準備，還鎖定了對方最關注的業務領域，自然引起對方的濃厚興趣。結果，會議當天雙方互動熱絡，原本預期只是交換名片的場合，竟發展成深入的技術合作洽談。

黃經理事後分享：「開場白做得好，就像把球傳到對方手中，自然接得住，對話也就順暢了。」

這個故事告訴我們，成功的開場，往往是後續所有成功的序曲。

專業解析：開場白四大策略拆解

策略	說明	實戰建議
快速切入共同關心話題	縮短心理距離，降低對方戒心	事前調查對方背景，找出關鍵話題，如最新產品、業績成長等
展現專業與準備度	提升專業形象，獲得對方尊重	準備一至兩組數據或具體事例，體現專業態度
語氣穩重自然，避免做作	傳遞自信與誠懇的態度	語速穩定，保持微笑，自然過渡至主題
留下對話延伸空間	開場鋪路，方便進一步交流	可使用引導語「想向您多請教一下……」

成功的開場話術，猶如一場精心設計的橋梁工程，既穩固又順暢，才能承載接下來的深度交流。

關聯行為與背景

開場白的重要性，絕不只是一句客套。心理學研究發現，人類的第一印象建立，最快只需要 0.1 秒，而「開場白」便是對話中最直接的第一印象建立機會。特別是在商務場合，對方可能已經歷數十場會議，疲勞與重複感早已降低了新鮮度。

此時，若能在開場白巧妙提及對方目前的需求或成就，立刻打破公式化對話模式，迅速引起關注。這種行為也與「鏡像神經元」作用相關，當對方聽到與自身高度相關的訊息時，大腦會自動活躍起來，注意力自然集中。

簡單來說，開場白不只是展開對話的工具，更是打開對方心門的鑰匙。

打造專屬開場白

1. 會前準備是王道：不要依賴臨場反應，事前了解對方企業、職位、近期活動。
2. 個人化設計開場語：避免制式化寒暄，用對方最感興趣的議題做引子。
3. 微調語氣，練習語感：適度重音與停頓，強調重點，使語句更有層次感。
4. 設計過渡語，為後續鋪路：如「聽說您在這方面經驗豐富，我特別想請教……」

持續累積這些實戰經驗，你的開場白將更加老練自然，成為與人建立連結的利器。

日常練習方式

1. 每日一練：情境模擬，想像不同場合（商務、聚會、陌生人互動），練習 30 秒內精準開場。

2. 建立「話題資料庫」：蒐集近期新聞熱點、產業趨勢、社交熱門話題，隨時備用。
3. 錄音檢查與自我回饋：錄下自己開場白，檢查語速、語調及語句自然度，反覆加強。

自我檢測表

問題	有	沒有
我是否了解對方目前關注的議題？	□	□
我的開場白是否融入對方相關訊息？	□	□
我是否保持自然的語調與自信表情？	□	□
我的開場是否預留了對話延伸空間？	□	□

結果建議

全數「有」：你已經是開場白高手！

若有「沒有」：請依照「實用建議」對應加強。

每一場成功的交流，從來都不是偶然。當你在開場白裡巧妙結合準備、專業與溫度，不僅能贏得對方的注意，更能為整場對話奠定良好基礎。開場是所有溝通策略的起點，而一個好的起點，往往已經完成了成功的一半。從今天開始，讓每一次開場，都成為你掌握對話勝局的最佳武器。

語氣，決定第一印象的關鍵

開口之前，語氣早已在無形中描繪了你的輪廓。多數人在準備溝通時，花大量時間打磨內容，卻忽略了聲音的力量。事實上，當你說出第一句話，對方尚未理解你的話語意思時，語氣已經搶先一步在心理層面留下印象。

行銷顧問林柏青，在國際會議中分享時，總是覺得臺下反應冷淡。後來經專業教練指導，他才發現問題並非內容，而是語氣。他的語速過快，語尾經常無意間上揚，使得整段講述聽起來猶豫不決。即使資訊扎實，聽眾也難以感受到他的信心。

經過調整後，他學會了在關鍵句子時適當放慢語速，讓語句有自然的停頓感。語調上，他刻意拉低語尾，減少不必要的疑問感，使結語聽起來更為堅定。短短幾週，臺下的回饋大幅改善，甚至有客戶私下對他說：「你的聲音讓我們覺得，你真的知道自己在說什麼。」

這就是語氣的力量。它雖然無形，卻是開場時最直接的影響因素。無論內容多麼豐富，如果語氣缺乏自信與穩定，聽者的注意力很可能早已悄悄滑落。

語氣穩定感來自細節的累積

語氣的穩定感，其實來自於幾個可以練習的要素。當你意識到這些技巧，並特意去運用時，語氣自然會轉化為你的優勢。

首先是語速。緊張時常讓人不自覺地加快語速，導致訊息過於密集，聽者無法有效吸收。練習保持適中的語速，搭配刻意的停頓，不僅讓對方能夠跟上你的思路，也能展現從容自若的姿態。

其次是語調的變化。單調的語調容易讓人產生疲乏感，甚至忽略你話語中的重點。適度提升語調可以強調關鍵句，降低語調則有助於展現堅定的態度，讓你的話語有層次而富有說服力。

再者，語尾的處理非常關鍵。許多人在發表意見時，會習慣性地讓語尾上揚，聽起來像是在提出問題而非陳述觀點。其實，只要將語尾穩定收斂，語句便會自然帶出自信感，提升整體的專業氛圍。

此外，呼吸的配合也不容忽視。穩定的呼吸節奏可以幫助你控制語速與語調。開場前做幾次深呼吸，不僅能緩解緊張情緒，還能讓語氣更穩健有力。

這些技巧看似簡單，但真正的關鍵在於不斷練習，讓它們成為你的自然反應。一旦掌握，你的聲音就能成為開場時最具說服力的工具。

練習語氣的有效方法

想要語氣自然流暢，最好的方法就是不斷模擬實戰場景。與其在正式場合中手忙腳亂，不如提前練習，讓身體與大腦對正確的語氣產生記憶。

你可以每天設計不同情境練習開場。例如，模擬向客戶介紹產品、與上司匯報專案進度、在會議中提出建議。錄下練習過程，仔細注意語速是否適中，語調是否有變化，語尾是否穩定。每一次的微調，都會使你的語氣更自然、更有力量。

日常生活中，你還可以將這些練習融入自然對話裡。例如在餐廳點餐時，試著用穩定而清楚的語氣與服務人員溝通；與朋友聊天時，刻意調整語調變化，觀察對方反應。這些小練習累積起來，會潛移默化地強化你的語氣掌控能力。

當你逐步練成語氣掌控的能力，你會發現，無論內容多麼專業，語氣的加持都能讓你的表達如虎添翼。反之，即便內容普通，只要語氣得當，也能產生意想不到的說服力。

語氣不是天賦，而是習慣。透過不斷練習與修正，你完全可以打造屬於自己的聲音風格，讓每一次開場都為對話加分。

語氣的情緒管理效果

語氣不只關乎專業與說服力，它其實也能成為情緒管理的重要工具。當我們緊張時，語速變快、聲音變高，正是內心焦慮的外顯。而如果能刻意放慢語速，調整語調，就能倒過來影響自己的心理狀態，讓情緒趨於穩定。

這種「由外而內」的調節效果，在面對壓力場景特別有效。面試、簡報、重要洽談時，學會用穩定語氣來安撫自己，可以大幅降低心理壓力，讓整體表現更加沉著冷靜。

甚至在處理衝突時，冷靜且堅定的語氣也能傳遞出理性的訊號，讓對方在潛意識裡感受到你的掌控力，避免情緒化的對立升級。

換句話說，語氣既是溝通的外在技巧，也是內在情緒管理的利器。當你駕馭語氣的同時，其實也在掌握自我情緒，兩者互為表裡，形成強大的內在與外在力量。

聲音，是最容易被忽略的溝通王牌

溝通是一場看不見硝煙的戰爭，而聲音，正是你手中最鋒利的武器。太多人專注於字句的雕琢，卻忽略了語氣對於第一印象的重要影響。

從現在開始，請不要只準備你要說的內容，更要準備「怎麼說」。透過語速的調整、語調的變化、語尾的穩定與呼吸的配合，讓語氣成為你無形卻致勝的利器。

當語氣傳遞出自信與專業，你的話語自然會被認真傾聽。讓聲音成為你的個人品牌，無論你身處何地，都能贏得對話的主導權。

肢體語言的開場加分術

初次見面時，我們總以為語言是溝通的主角，然而真實情況卻恰恰相反。根據心理學研究，在面對面的溝通裡，非語言訊號占據超過一半的影響力，而其中，肢體語言無疑是最直接、最有力的表達方式。

有一次，職場新人林彥廷參加公司年度提案大會。為了這場簡報，他準備了詳細的資料與流暢的演說稿。然而，在現場他卻不自覺地雙手緊握、背部微駝、眼神飄忽。雖然內容完整，聽眾卻無法感受到他的自信，整場發表效果大打折扣。

事後，同事提醒他：「其實你的簡報很好，但你給人的感覺像是對自己都沒把握。」林彥廷才意識到，自己忽略了肢體語言的影響力。

經過刻意練習後，他改變了站姿，挺直脊背、雙手自然擺放，並學會在重點時眼神直視聽眾，搭配適當的手勢強化語意。當他再次登臺，整個人的氣場大不相同，贏得現場一致好評。

即使話語再精彩，若肢體語言未能同步展現自信與專業，對方接收的訊息也會打折扣。開場的肢體語言，是影響第一印象的關鍵一環，不容忽視。

掌握肢體語言的核心原則

肢體語言是無聲的語言，但它能傳遞的訊息卻無比豐富。尤其在開場的短短幾秒內，對方就會根據你的姿態、眼神與動作，形成初步評價。掌握以下幾個原則，能有效提升你的肢體表達力。

首先，站姿要穩定。避免重心偏向一側，這會讓人感覺不夠穩重。雙腳與肩同寬，脊背挺直，不僅展現自信，還能自然拉高聲音能量。

其次，手勢要自然流暢。僵硬或過多的手勢都會讓人分心。有效的手勢應該是配合語句節奏，適時強調重點。例如，當你說「有三個要點」時，配合伸出三指的動作，就能加深聽者印象。

眼神交流則是不可或缺的元素。許多人在緊張時容易迴避眼神，或只盯著簡報稿件。適當地掃視聽眾，尤其在強調關鍵觀點時，與對方有短暫的眼神接觸，能有效拉近距離，傳遞真誠與專注。

此外，臉部表情也是肢體語言的重要部分。微笑不僅能化解緊張氛圍，也讓你顯得更加親切可親。面無表情或過度僵硬的臉龐，容易讓人誤會你對交流缺乏熱情。

最後，呼吸與節奏同樣影響肢體語言的穩定性。深呼吸有助於放鬆身體，讓動作更加自然流暢。

記住，肢體語言最終的目標，不是表演得多麼誇張，而是與你的話語內容形成一致，讓你的訊息由內而外自然流露。

練習肢體語言的實戰方法

肢體語言雖然無聲，但完全可以透過練習精進。以下幾個實戰練習方法，能幫助你逐步建立自信與自然的肢體表達。

1. 錄影是非常有效的方法。模擬實際開場場景，錄下自己的站姿、手勢與表情，再播放觀看，客觀確認哪些部分顯得僵硬或不自然。透過重複錄製與修正，可以有效提升表達流暢度。
2. 鏡前演練則有助於即時調整動作。站在鏡子前練習發言，觀察自己的肢體動作是否自然，微笑是否得體，並逐漸建立對自身肢體語言的敏感度。
3. 觀摩學習他人是極佳的借鏡。參加會議或觀賞優質演講時，刻意留意講者的肢體語言如何配合語言內容。例如，當講者強調數據時是否有相應手勢？提出問題時是否有前傾動作？這些觀察能提供啟發。

4. 場景模擬也是高效練習方式。設定不同情境，如面試、自我介紹或專案簡報，分別練習肢體語言的變化與應用，幫助你在各種場合中靈活運用肢體語言。

持續練習，讓肢體語言成為你的習慣，而非臨場才刻意為之。當動作自然流暢，訊息傳遞就能更加清楚而有力。

肢體語言，是無聲卻有力的開場王牌

肢體語言，雖然不發聲，卻能影響整場對話的氛圍與效果，在潛移默化中塑造對方對你的第一印象。

當你掌握了肢體語言的運用，你會發現，開場的自信感油然而生，無論何種場合都能沉著以對。與其在言語上絞盡腦汁，不如讓肢體語言成為你的助攻，使對話自然流暢，贏得對方的信任與好感。

讓肢體語言成為你無聲卻有力的溝通王牌，打開每一次對話的成功之門。

問對問題，才能打開對話之門

問話，是展開對話的一把鑰匙。然而，問得巧妙與否，決定了對話能否深入發展。許多人一開口，就問得過於平淡，例如：「你最近好嗎？」、「您對這個產品有興趣嗎？」這類問題太過日常，不僅無法激起對方興趣，還容易讓對話陷入公式化的僵局。

職場上有一位資深業務經理許正傑，早期拜訪客戶時總是習慣問：「目前有需要我們的服務嗎？」大多數客戶的回應都很冷淡：「暫時沒有。」這樣的對話往往很快就結束了。

後來，他開始重新設計開場提問方式。在一次拜訪物流公司的過程中，他改問：「您目前在配送效率上遇到哪些挑戰呢？我們最近協助幾家企業改善流程，有些經驗可以分享。」出乎意料，客戶不僅分享了痛點，還主動詢問他們的解決方案。

從那之後，許正傑領悟到：提問並非只是禮貌性的互動，而是能有效激發對方興趣、啟動對話動力的關鍵技巧。只要設計得當，一個好問題比千言萬語更能引導對話深入。

好的提問，能點燃對方的思考欲望，讓對方不由自主地想要回應你。這不只是話術技巧，更是一種策略性的對話引導。

如何設計引人入勝的提問？

設計開場問題的首要原則，是避免封閉式問句。封閉式問句像是：「您有需要嗎？」、「您了解這項產品嗎？」這類問題容易得到簡短的「是」或「不是」回應，無法延展對話。

相對地，開放式問句則能引導對方多說一些，例如：「您怎麼看待目前市場上的變化？」、「在這方面，您最重視哪些條件？」這樣的問題，能促使對方從自身經驗出發，給出更豐富的回應。

問題要貼近對方當下的情境或關注焦點。問與對方無關的問題，即使形式正確，也無法激發對話熱情。有效的方法是事前做功課，了解對方近期專案或產業趨勢，再設計相關問題。

另外，問題中帶入正面暗示，可以巧妙地營造期待感。例如：「像您這樣經驗豐富的專家，會怎麼看待這個挑戰？」這樣的提問，不僅讓對方感受到尊重，還會激發他分享更多見解。

具體來說，設計開場提問時，可以參考以下幾個方向：

- 現況探索型：請對方描述當下情況，例如「目前團隊在哪一部分遇到最大挑戰？」

- 經驗分享型：引導對方分享過去經歷，例如「您過去有遇過類似情境嗎？當時怎麼處理的？」
- 預測洞察型：請對方預測未來趨勢，例如「您認為接下來半年，市場會出現哪些變化？」
- 激發參與感型：讓對方感受到參與感，例如「如果是您，會怎麼改善這個流程？」

這些問題不僅能啟動對方的思考，還能快速建立交流的互動氛圍，使對話更加自然流暢。

提升你的提問力

要讓提問變得自然流暢，離不開日常的加強練習。你可以從觀察開始，注意身邊擅長溝通的人是如何提問的。他們往往能在短時間內切中要點，引發對方深入回應，這正是值得學習的地方。

例如，可以在日常交流中主動練習設計不同類型的問題。在與同事討論時，不妨嘗試提出開放式問題，觀察對方的反應與回應豐富度。或是在社交場合，練習用輕鬆的語氣問出探索型問題，拉近彼此距離。

建立「問題庫」也是非常實用的方法。根據不同場合或對象，事先準備好幾組備用問題。面對企業客戶，可以準備關於市場趨勢或業務挑戰的問題；面對潛在合作夥伴，可以設計探討合作契機的問題。這樣一來，無論面對誰，你都能快速提出有深度的問題，引導對話順利展開。

此外，錄音是一個高效的自我提升手段。模擬對話場景錄音後，回聽自己的問題設計是否清楚有力，語氣是否自然，並思考是否還有更好的表達方式。

長期下來，你的提問能力會越來越敏銳，能在開場短短幾句內，迅速抓住對方注意力，為整場對話鋪好成功的基礎。

好問題，勝過千言萬語

開場提問的價值，不僅在於引導對話開始，更在於塑造你專業與洞察力的形象。一個設計巧妙的問題，能瞬間激發對方思考，甚至讓對方期待與你深入討論。

與其急著陳述自己準備好的觀點，不如先問對一個問題。當對方因你的提問而產生興趣時，接下來的交流會變得自然又深入。

記得，溝通不只是說，更在於懂得如何問。問得巧妙，勝過滔滔不絕的自我介紹。從今天開始，讓每一次對話的開場，都由一個好問題引領，展開成功的溝通之旅。

化解冷場，
破解開場的尷尬時刻

無論多有經驗的溝通者，都難免遭遇開場冷場的情境。特別是在初次見面或陌生場合中，開場時的氣氛往往容易陷入尷尬。明明事前準備充分，開口後卻只換來對方淡淡的一句「喔，是嗎？」氣氛瞬間凝固，像是掉進冰窖般冷冽。

陳姿伶是公關公司的資深經理，曾在一次品牌合作洽談中，滿懷信心地介紹自家方案，沒想到對方代表神情冷淡，雙手交叉，回應簡短。她感受到空氣中那股沉默的壓力，原本預設的開場話題像是石沉大海，毫無迴響。

當下，她靈機一動，暫停了推銷，轉而問道：「看起來您今天行程滿檔，我們是否可以先聊聊您這週遇到的挑戰？」這個問題意外打破僵局，對方苦笑著回答：「是啊，最近配送效率卡關得厲害。」話題立刻被接了起來，從客戶的現況切入，氣氛逐漸回暖。

後來回顧這段經歷，陳姿伶說：「當開場遭遇冷場時，最怕的是急著填補空白。真正有效的方法是觀察對方反應，轉換話題角度，讓對方有話可說。」

這段經歷告訴我們，冷場不是失敗，而是溝通過程中的一個轉折點。懂得冷靜應對，靈活轉化，往往能把尷尬變成突破的契機。

看懂冷場背後的訊號

冷場從來不是無緣無故的，它其實是對方在用「非語言反饋」告訴你，當下的話題沒有打中他們的興趣點。

觀察對方肢體語言，是破解冷場的重要起點。例如，當對方身體微微後仰、雙手交叉、眼神游移不定時，表示對方處於防衛狀態，尚未進入交流模式。如果此時繼續按照原本的話題推進，很可能只會讓對方更加疏離。

再來，語言回應的冷淡程度也是警訊。若對方只用「嗯」、「是喔」這類簡短詞語回應，代表話題並未引起他的興趣。此時，應盡快轉換溝通策略。

要破解冷場，可以運用以下幾種方法：

- 切換話題焦點：觀察對方關注的領域，例如辦公桌上的資料、剛結束的會議內容，從中尋找新話題切入口。
- 詢問當下狀態：主動關心對方現況，讓對話貼近對方當下的情境，降低對方防備心。

- 自我揭露法：分享自身經歷或挑戰，讓對方感受到真誠與共鳴，自然打開對話窗口。
- 使用幽默破冰：適度的幽默能有效緩和緊張氣氛，不過需注意場合與文化背景，避免適得其反。

冷場不代表結束，而是提醒你：當下的溝通策略需要調整。當你敏銳捕捉到冷場訊號，並靈活應對，對話往往會有意外的轉機。

經過持續練習，這些應對冷場的方法會內化成你的自然反應。當你面對突如其來的尷尬時刻，能夠泰然自若地化解尷尬，甚至反轉局面，為對話重新注入活力。

冷場是轉機，不是終點

在溝通中，冷場並不可怕。真正重要的是，你如何看待這種沉默的時刻。是視為失敗的徵兆，還是當作重整策略的契機？

當你學會敏銳察覺對方的微妙反應，並靈活運用話題切換、情境觀察與適時的自我揭露，就能有效化解冷場，重新點燃對話的熱度。

記住，冷場不代表對話的終結，而是提醒你：還有更適合的方法等待你去探索。保持靈活、保持開放，讓每一次的冷場都成為磨練溝通技巧的寶貴機會。當你能自在化解尷尬，你的對話魅力自然水漲船高，無論面對誰，都能穩健掌握開場主導權。

初次互動中的個人品牌塑造

在職場中，許多人往往誤以為「個人品牌」是靠長時間累積建立起來的。然而事實上，每一次初次互動，都是你個人品牌的預演。尤其是開場的那幾分鐘，往往決定了對方是否願意深入了解你。

邱詠茹是新創公司負責人，剛創業那年，她參加了許多投資人見面會。每次她都專注於介紹產品功能，細節講得鉅細靡遺。然而，她很快發現一個問題：即便產品再完整，聽眾對她本人卻沒留下深刻印象。

有位資深創投在會後對她說：「妳的產品很不錯，但我對妳這個人還不夠了解。投資，我們更看重創辦人的特質。」

這番話讓邱詠茹頓悟。從那之後，她開始在開場白中，自然融入個人理念與經歷。例如，她會這樣開始介紹：「身為工程師出身的創辦人，我最在乎的就是技術如何落地，解決使用者的真實需求。」短短一句話，不只介紹了產品，更傳遞了她「技術實踐者」的形象。

果然，當她這樣做之後，與會者不僅對產品有興趣，也對她這位創辦人產生好奇，進而建立更深層的信任感。

這個經驗提醒我們：初次互動，絕不只是自我介紹的流程，而是打造個人品牌的黃金時刻。善用這個機會，讓對方留下鮮明的印象，你的溝通就贏了一半。

精準傳遞你的個人定位

個人品牌的建立，來自於清楚的自我定位。尤其在初次互動時，對方通常只給你幾分鐘，你需要快速、有效地傳遞出你想要塑造的形象。

首先，界定你的核心特色。問問自己：希望別人在與你互動後，記住你什麼特質？是專業、親和力、創新力，還是行動力？聚焦一到兩個特質，避免訊息過於分散。

其次，善用簡短的自我敘述。避免冗長的經歷堆疊，而是提煉出一兩句「標語式」的介紹。例如：「我專注於幫助企業數位轉型，將複雜問題化繁為簡。」這樣的敘述，能快速讓對方捕捉到你的價值定位。

第三，融入價值觀與理念。除了技能與經驗，理念層面的分享也能強化品牌感。例如：「我相信技術最終要服務人性。」這樣的語句，不僅展現專業視角，也傳遞了你的職業態度與價值觀。

此外，注意語氣與肢體語言的配合。語氣沉穩，肢體開放，自然能強化你傳遞的形象訊號。若你的品牌定位是「積極進取」，那麼語調與表情就應該帶有朝氣與能量感；若是「穩重專業」，則語速適中，語調穩定，更能符合預期。

總結來說，優秀的個人定位需要做到三點：

- 確立自我特色
- 精準的自我敘述
- 傳遞核心價值觀

只要掌握這三個要素，開場互動時就能自然而然地呈現個人品牌力，讓人留下深刻印象。

持續強化品牌印象的互動技巧

初次互動不止是短短的開場白，整個對話過程中，每一個小細節，都在強化或削弱你的品牌印象。

1. 善用主動式互動。不要被動等待對方提問，而是適時拋出有價值的觀點，引導對話深入。例如：「我們最近觀察到市場趨勢有一些變化，不曉得您是否也有相似的觀察？」這樣的提問，展現你對產業的洞察力，也強化專業形象。

2. 適度分享故事。人對故事的記憶遠勝於單純的事實陳述。分享一兩個與你定位相關的經歷，不僅讓對話更生動，也能在人心中烙印下你獨特的形象。例如，你可以談及某次專案挑戰，如何克服困難、實現成果，這些故事能強化你的「行動力」或「解決問題能力」的形象。
3. 重視互動的結尾設計。一場好的開場互動，應該有完整的收束。例如，簡單重申自己的定位，並提出後續交流的期待。這樣的結尾，不僅展現專業態度，也自然延伸出後續連結。

每一次初見，都是品牌的起點

在溝通的世界裡，初次互動的影響力遠超我們的想像。別人對你的第一印象，往往在幾分鐘內便已形成，而這正是塑造個人品牌的黃金時機。

透過清楚的自我定位、巧妙的自我敘述，以及主動引導的互動技巧，你能在開場就讓對方記住你的專業形象與獨特價值。即使是短暫的交談，也能留下深刻印象，為後續合作鋪好基礎。

記得，每一次初見都是機會。別讓匆匆的相遇白白流逝，而是把它當作建立個人品牌的舞臺。當你善用這些策略，無論在哪裡、遇見誰，你都能自信地展現自我，讓對方清楚記得：你，與眾不同。

用故事打開局面，讓人自然靠近你

人們天生對故事有著無法抗拒的興趣。比起單純的資訊陳述，故事更能喚起情感共鳴，讓對方願意停下來聆聽。這也是為什麼在初次互動時，若能巧妙運用故事開場，往往能迅速吸引對方注意，打開對話的大門。

許瑞賢是一位科技顧問，經常需要向不熟悉技術細節的企業主管簡報解決方案。起初，他總是直接切入產品規格與效能數據，但他發現，臺下聽眾很快就流露出走神的表情。

有一次，他決定嘗試不同的開場方式。他分享了一個來自客戶的真實故事：「上個月，我們的一位物流客戶，因為系統延遲，導致幾百筆訂單卡關，損失將近上百萬。幸好，我們協助他們改善流程，在一週內扭轉了困局。」短短幾句，立即讓聽眾豎起耳朵。

當他接著解釋技術方案時，聽眾已經不再只是聽數據，而是帶著「故事中的場景」去理解解決方案。這次簡報不僅贏得了掌聲，還成功促成了合作。

故事具有驚人的吸引力，透過情境與角色，故事幫助聽眾代入情感，讓對話不再只是冰冷的資訊交流，而是充滿人性與共鳴的互動。

打造引人入勝的開場故事

開場故事並不需要冗長，關鍵在於是否具備核心要素：場景感、情感連結與啟發點。

場景感是故事的靈魂。描述一個真實或模擬的情境，能讓聽者彷彿置身其中。例如：「當時的倉庫現場，貨品堆積如山，員工焦急地接聽電話，客戶的催促聲不斷響起。」這樣的畫面感，能立刻抓住聽者的想像力。

而情感連結是打動人心的關鍵。故事中的人物需要有情緒波動，無論是焦慮、期待還是喜悅，這些情感元素能讓對方產生共鳴。例如，描述主角如何在壓力下堅持不放棄，最後逆轉局勢，讓故事更具感染力。

最後，啟發點則是故事的價值所在。故事的結尾不只是收束，而要帶給聽者啟發。例如：「這讓我們更堅信，技術的使命就是在關鍵時刻成為企業的後盾。」如此一來，故事不僅有趣，還能深化你要傳遞的訊息。

打造好故事時，還可以記住一個簡單的結構：

問題 → 探索 → 解決 → 收穫

這樣的故事框架能幫助你快速整理思路，即使在即興場合也能輕鬆講出吸引人的故事。

記得，故事不是表演，而是溝通的橋梁。只要你的故事源自真實經驗或合理推演，就能自然拉近你與聽者的距離。

練習故事力，讓對話更有溫度

故事力，和其他溝通技巧一樣，是可以透過練習精進的。日常中累積故事素材，是最有效的做法。無論是自己經歷的小插曲，客戶的挑戰經驗，或是產業內的成功案例，都值得記錄下來，成為未來溝通的寶庫。

另外，可以練習「三分鐘故事法」。嘗試在三分鐘內，完整講述一個小故事，練習如何精煉重點，同時保留場景感與情感連結。這樣的練習，有助於提升你即興講故事的能力。

觀察他人也是提升故事力的重要方式。參加各類演講或分享活動時，不妨留心講者如何安排故事節奏、鋪陳場景以及收尾啟發。將這些技巧內化，並融入自己的風格。

更進一步的練習，是將故事與個人品牌結合。例如，如果你希望強化「解決問題專家」的形象，就可以多準備幾個「問題解決型」的故事。當場合需要自我介紹或開場引導時，這些故事能自然強化你的專業定位。

故事力不只用於開場，它其實是整場溝通的潤滑劑。即使對方原本態度保守或防備，透過適當的故事引導，也能讓對話變得輕鬆而富有溫度。

讓故事成為你最強的溝通引擎

故事是溝通中的魔法。當你善用故事開場，便能輕鬆突破初次互動的隔閡，迅速建立情感與信任感。

別讓對話只是枯燥的資訊堆疊，而要讓每一次開場，都能帶著故事的溫度與力量。精準的場景描繪、真誠的情感共鳴，再加上一個啟發人心的結尾，你的故事就能成為對話中最有說服力的部分。

從今天開始，練習用故事點亮你的每一次溝通。當你能自在講述引人入勝的故事，你不僅能展開對話，還能讓對方願意持續聆聽，甚至期待與你有更深的交流。

故事力，就是你無形卻強大的溝通引擎。啟動它，讓每一次對話都奔向成功。

善用對方背景，精準對接話題

成功的對話，往往從理解對方開始。若能在互動之前先掌握對方的背景資訊，對話時便能選擇最切題的話題，讓對方感受到你的用心與專業。

林嘉辰是市場策略顧問，曾經有一場重要的客戶簡報，他面對的是一家家族企業的接班人。許多顧問習慣性地用業界數據和通用策略來開場，但林嘉辰並沒有這麼做。他在會前花了一些時間，研究這位接班人的背景：畢業於國際名校、熱衷 ESG（環境、社會與治理）議題，還曾多次在媒體上發表相關觀點。

簡報一開始，他這樣說：「我注意到貴公司近兩年大力推動永續轉型，這是我們非常重視的方向。我今天也準備了一些國際 ESG 成功案例，想和您討論看看，是否能帶來新的啟發。」

這個開場讓對方眼睛一亮，原本略顯防備的態度迅速轉為積極投入，會議氛圍瞬間活絡起來。林嘉辰分享的案例不僅緊扣對方關心的議題，也展現了他做足功課的誠意。

當你針對對方背景量身打造話題時，對話就不再是泛泛而談，而是有的放矢，直擊對方興趣核心。這不僅能打破陌生感，還能有效累積彼此信任。

如何有效掌握對方背景資訊？

理解對方背景，並不意味著要窮盡所有細節。關鍵在於掌握幾個核心面向，快速構建有用的資訊輪廓，為對話鋪路。

一是專注對方的職業角色與當前任務。了解對方在組織中的定位，能幫助你判斷他最關心的議題。例如，財務主管可能更關注成本，行銷主管則可能對品牌成長或市場趨勢特別敏感。

二是研究對方最近的公開動態。不論是 LinkedIn 帳號、企業新聞稿、媒體專訪，這些公開資訊都能提供對方目前的重點關注領域。哪怕只是一則社群貼文，也可能藏有寶貴的話題線索。

三是關注所屬產業的最新動態。如果對方來自零售業，可以談談消費趨勢變化；若對方是製造業專家，則可以觸及供應鏈挑戰或數位轉型等話題。這樣的準備不僅顯得專業，也能自然引出對方的見解。

此外，若是透過引薦認識的對象，不妨事前向介紹人請教幾句關鍵描述，像是對方的性格偏好、對專業話題的態度，這些都是有價值的背景補充。

掌握這些關鍵面向，你就能有效降低初次對話的陌生感，快速找到彼此的共鳴點。

了解對方，才能一擊即中

了解對方背景只是第一步，真正的關鍵在於如何靈活運用，讓話題自然展開，對話流暢而深刻。

一個好方法是，以對方背景為起點，延伸出對話焦點。例如，你可以這樣開場：「看到您最近分享有關永續發展的文章，我也很好奇您對 ESG 推動現況的看法。」這樣的問句不僅展現你有做功課，也給對方一個願意展開話題的舞臺。

如果對方剛完成一個重大專案，不妨提出有關這項經歷的探詢：「聽說您剛帶領團隊完成數位轉型，過程中有哪些關鍵挑戰是外界比較少知道的？」

這類對接方式，能使對方感受到被尊重與理解，進而提升對話的深度與廣度。

對話中，也可以靈活切換話題層次。初期先以對方熟悉的領域入手，建立信任感後，再自然引入你希望推進的主題。例如，從 ESG 談起，延伸到企業策略布局，再連結到你所能提供的專業方案，達成對話目標。

更進一步，當對方回應話題時，適時地用共鳴或延伸提問來深化對話。例如：「您提到供應鏈，這正好是我們近期關注的重點，您怎麼看待區域供應鏈調整帶來的影響？」這樣不但能延續對方的思路，也自然拉近彼此距離。

總之，對方背景資料是開場的燃料，但是否能點燃對話的火花，則取決於你如何靈活應用。自然流暢地切入對方關心的話題，會讓你在對話中站穩主導位置。

知己知彼，引起對方共鳴

成功的溝通從來不只是表達自我，更多時候在於理解對方。當你用心了解對方背景，再靈活地對接話題，你不僅展現出專業素養，更傳遞了對對方的重視。

這樣的開場方式，不僅能化解陌生感，還能有效打開對話局面。對方會感受到你做足準備的誠意，自然對你產生更多信任與好感。

請記得，善用背景資訊並非「炫耀式」表現你的調查能力，而是為了找到真正能引起對方共鳴的切入點。當話題切合對方期待時，對話就能自然而然地深入發展。

從今天開始，養成「對話前做功課」的習慣。每一次交流前，多花幾分鐘了解對方背景，設計貼切的開場話題。這不僅能提升你的專業形象，也會讓你在無數次互動中，逐步建立穩固的人脈資本。

讓對方自願接話，打造對話流動感

很多人誤以為流暢的對話是天生的天賦，其實不然。對話之所以流暢，並非因為話題源源不絕，而是因為雙方能自然接話、互動有來有往。而這種互動感，往往取決於你是否懂得「留白」，給對方一個願意回應的空間。

陳志恆是一位品牌策略顧問，擅長在初次會面時迅速營造輕鬆對話氛圍。他曾在一次與潛在客戶的洽談中，經歷了一次特別的啟發。

當時，對方是一位科技公司的營運長，性格沉穩寡言。許多業務人員向他簡報時，經常因為對方反應冷淡而手足無措。但陳志恆並沒有急著推銷，而是刻意放慢語速，適時提出開放式問題：「目前市場變化這麼快，您是否也觀察到一些新趨勢呢？」

問完這句話後，他沒有急著解釋，而是微笑著保持短暫的沉默。這個短暫的留白，反而讓對方感到空間被尊重，願意開始分享自身見解。

對方開口後，陳志恆適時用簡單的回應像「這真是值得深究的觀點」，再進一步追問細節。整場對話在這樣的節奏下自然展開，不但贏得了對方的信任，最後更促成了合作機會。

讓對方自願接話，並非靠話語的密集轟炸，而是巧妙地設計對話空間，讓互動自然流轉。

創造讓對方願意回應的互動節奏

要讓對方願意接話，關鍵在於設計開放性與互動感兼具的對話節奏。這並非技巧性的「問答遊戲」，而是讓對方感受到對話的空間感與參與感。

1. 問題要有「開放性」。與其問「您喜歡我們這個產品嗎？」這樣容易得到單一答案的問題，不如問：「在您看來，我們的產品在哪些方面能幫助貴公司更進一步？」這樣的問法鼓勵對方給出詳盡回答，自然延伸對話。
2. 語氣要保持輕鬆而友善。強烈的銷售語氣容易讓對方感受到壓力，轉為防禦狀態。相反地，帶著探索心態的語氣，更能營造平等交流的氛圍，讓對方樂於分享。當你拋出問題後，給對方足夠的時間思考。

3. 對話中可以適度運用「引導式重複」，例如對方提到：「我們最近正思考市場拓展。」你可以回應：「市場拓展，這確實是一個重要課題，您最關心的是哪些市場特性呢？」這樣的重複與引導，不僅顯示你在用心聆聽，還能鼓勵對方更深入展開。

當對方感受到被傾聽與被重視，便更願意持續投入對話，形成良好的互動循環。

強化互動引導力

要讓對話自然流動，除了理解技巧之外，日常練習同樣不可或缺。這裡有幾個實用的練習方式，幫助你強化互動引導力。

一種有效的方法是「接話再深入」。當對方回應後，不要急著切換話題，而是先用一兩句話延伸對方的觀點。這可以是簡單的共鳴，例如「這部分確實值得重視」，接著提出具體追問：「在這方面，您有沒有遇到特別的挑戰？」如此一來，對話深度會自然提升。

日常對話中，也可以練習「同理心回應」。例如朋友提到「最近工作很忙」，你可以先表達理解：「聽起來真的很辛苦。」再跟進問題：「是什麼案子讓您特別投入呢？」這樣的回應能有效提升對話溫度，無論職場還是生活場景都非常實用。

持續觀察高手的對話技巧同樣重要。參加研討會或觀看優質訪談節目時，留意主持人如何引導嘉賓延伸話題、如何運用停頓與語氣變化，都是提升自身對話流動感的好方法。

漸漸地，你會發現，與人對話不再需要費力維持，對方會自然而然接上話，整場交流就像流水般順暢。

對話如流，溝通更進一步

流暢的對話，從來不是單方面的表現，而是雙方自然互動的結果。當你學會設計問題、創造空間，並用心聆聽與引導時，對方會感受到被尊重與理解，願意主動參與。

這種對話流動感，不僅讓交流過程變得輕鬆自在，也為雙方建立更深層的信任基礎。與其急於推銷觀點，不如創造讓對方自願接話的環境，讓對話自然展開，深度與廣度隨之而來。

從今天開始，練習給對方更多回應空間，觀察語氣與節奏的變化，並善用引導式互動技巧。當你能夠熟練運用這些方法時，無論是商務談判、日常交流，還是陌生初見，都能讓對話如水般流暢，走向成功的彼岸。

自然鋪陳價值主張，為合作打下基礎

沈婉瑜參加國際採購會議時，面對一位歐洲採購經理。多數人習慣直切報價與產品特色，但她選擇不同策略。她開場便提及：「我們今年完成幾個大型供應鏈專案，平均縮短30%交期，或許能協助您近期的挑戰。」

對方聽了後，明顯提起興趣：「最近我們正為交期延遲煩惱，能分享方法嗎？」

這一回應證明，適時鋪陳自身價值，比生硬推銷來得自然有效。沈婉瑜的方法，正是把開場變成價值傳遞的起點。

開場時機，正是展現價值的最佳時刻。如果一開始就急於推銷，容易讓人反感；若全程只講客套話，則可能錯失展現實力的機會。關鍵就在於，如何在輕鬆互動中，巧妙融入自身優勢，為後續深入交流鋪好道路。

價值主張三層次解析

層次	內容	應用場景
問題共鳴	精準點出對方痛點，引起共感	會前調查對方需求，對話中先提問確認
解決方案暗示	簡潔提出自身優勢，激發興趣	用過往成功案例，自然帶出能力證明
未來合作展望	留下開放式延伸，引導後續交流	提出合作可能性，邀請深入討論

自然鋪陳價值，不是單向陳述，而是循序漸進的引導。這三層次的鋪排，能讓對方在對話過程中逐步感受到你的專業與誠意。

事實上，真正高明的對話者，往往懂得用「預埋」的方式鋪墊自己的優勢。與其生硬地標榜「我們是市場第一」，不如用故事或經驗帶出：「我們曾經遇到類似挑戰，當時的策略效果不錯，或許對您也有參考價值。」這樣的說法更顯專業而不自誇。

當對方開始主動詢問，意味著他對你傳遞的價值產生了興趣。這時再進一步展開詳盡說明，對方的接受度也會大幅提升。

值得一提的是，這種自然鋪陳的方式，不僅適用於商務場合，也適用於日常社交。例如，朋友聚會認識新朋友時，與其直接說「我是做行銷的」，不如輕描淡寫提到：「我最近協助一個品牌打造新產品上市策略，挺有挑戰性的。」如此對方若有興趣，自然會接著問：「是什麼樣的品牌呢？」對話也就此展開。

開場即布局，對話即起點

價值主張不需要急於灌輸，而是透過對方需求共鳴、適時展現解決能力、留白引導合作可能，形成自然流動的對話節奏。

當你掌握這套策略，無論是面對潛在客戶、合作夥伴，甚至新的人脈機會，都能在開局階段打下穩固的合作基礎。

第二章

洞察對方心理，讀懂話語背後的需求

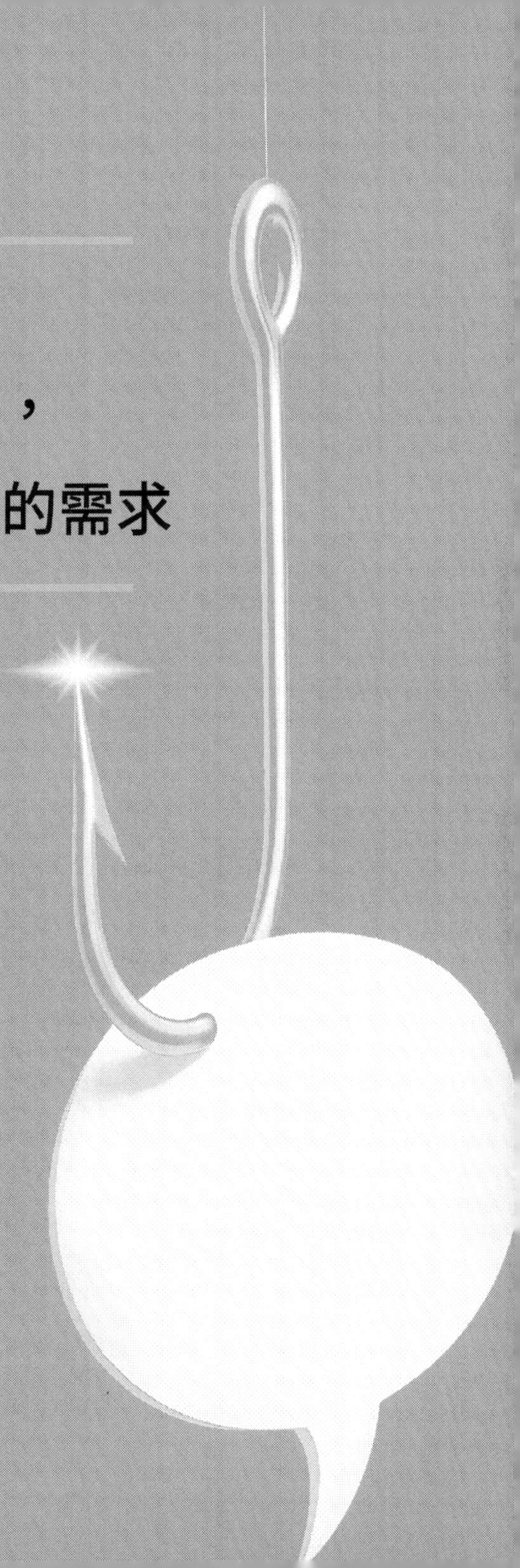

一場對話，為什麼能讓人點頭或轉身？

在同樣一個商務會議現場，兩位代表輪流簡報。第一位侃侃而談，數據齊全、條理清楚，但對方反應冷淡，只禮貌性地點點頭便結束對話；第二位發言前，只簡單說了一句：「我知道您最近應該正在尋找能穩定交貨又不壓縮現金流的方案。」對方頓時坐直身體，點頭微笑地說：「正是如此！」

兩人的資料內容差不多，語速、表達都合格，唯一不同的是，第二位在發言前就準確掌握對方當下「真正關心」的是什麼，於是說出口的每個字，對方都願意聽進去。

我們常說，溝通最怕的不是不說話，而是「對方根本沒在聽」。而要讓對方願意聽，你必須先「聽見他沒說出口的話」。也就是：讀懂話語背後的心理動機。

這種能力，說穿了，就是「對話洞察力」。

為什麼洞察力才是真正的溝通實力？

在所有看似順暢的對話背後，其實有一層潛在的心理運作——這一層心理，不見得每次都會被說出來，但會決定一場對話的結果。

如果你只聽到對方「字面上的話」，而沒聽出他「關注的是什麼」，那麼你再努力說服、解釋，效果都有限。

真正厲害的對話高手，在對話中有一種本能：他不只是聽「你說了什麼」，而是在觀察「你為什麼這樣說」。

當我們能理解對方話語背後的心理動因，才能做到「不費力地對準」。就像下棋時不只看對手下一步，而是看出他的策略與需求。這時候，你回應的話語，自然具有影響力。

三種常見心理需求：看見說話背後的動機

要開始訓練洞察力，第一步就是看見 —— 看見對方真正的心理驅動。以下是對話中最常出現的三種潛藏需求：

心理需求類型	特徵表現	暗示語句或行為
認同與被理解需求	渴望被認同、自我價值感受被肯定	「我們投入了很多心力，希望能被真正看到。」
安全與掌控需求	對風險敏感、想要預測未來、掌握局勢	「如果交期延後，我們損失會非常大。」
表現與成就需求	想證明自己、展現優勢、希望被看見	「這次的成果，是我個人全力主導的方向。」

當你能辨識出對方話語背後是哪一種需求，就能決定你要給的是「安撫」、「引導」、「放大」還是「協助實現」。這種對應，是對話真正開始產生力量的關鍵。

情境模擬

對話場景 A：

A：這個案子我們拖太久了，再拖下去主管會覺得我沒能力。

你會怎麼回應？

- 「我覺得還好啊，大家都有難處。」（可能忽略了他的成就焦慮）
- 「你其實很努力了，這件事我可以一起幫忙推一下。」（這是認同＋合作的回應）

對話場景 B：

B：我們這邊比較擔心後續維修，如果你們無法即時處理，我們壓力會很大。

你會怎麼說？

- 「這部分我們會盡量處理。」（語意模糊，無法給安全感）
- 「我們團隊有 24 小時回應機制，我等下可以列給您時間線。」（具體且回應安全掌控需求）

這些例子可以幫你練習切換視角：不要只聽字面，要聽「對方其實想得到什麼」。

從辨識心理開始，打開真正的交流空間

每一場真正有效的對話，背後其實都是一場心理對位。當你學會看懂話語背後的「情緒線索」與「潛藏需求」，你就具備了真正的攻心能力 —— 不是操控，而是精準理解與回應。

因為真正有力量的說話，從來不是說服，而是讀懂。

讀懂語氣中的情緒，洞察對話的真相

林育賢是一位業務經理，曾參與一場跨部門協調會議。當他向另一單位的主管說明提案內容時，對方口頭上雖說「這方案看起來不錯」，但語調明顯冷淡、語尾拉長且無眼神交流。育賢感覺氣氛不對，於是沒有急著推進，而是順勢問了一句：「我感覺您對這部分可能有一些顧慮，不知道是不是我哪裡沒講清楚？」

對方聽完，停了一下，終於說：「其實我們之前有過類似的案子，但結果不太好。我擔心你們會重蹈覆轍。」這一句話，才是真正的對話起點。

語氣與語言，常常是分離的。人們或許出於禮貌、壓力或職責，不會說出心裡真正的感受，但語氣和情緒狀態卻會自然洩漏。若能辨識出這些線索，就能避免誤判情勢，甚至主動化解隱藏的阻力。

語調的三個關鍵指標

對話中，我們可以從三個面向，辨識對方語氣裡藏著什麼訊號：

- 語速變化：語速忽快忽慢，可能反映情緒起伏。例如突然加快語速，可能是焦慮、不耐，或想掩飾什麼；語速變慢，則可能是在思考、遲疑，或對話進入敏感議題。
- 語調高低：語調偏高可能帶有情緒張力，像是不滿或激動；偏低則可能是壓抑、冷淡，甚至拒絕的徵兆。特別注意語調與句子的內容是否一致，例如說「我沒問題啊」，但語調往下沉，就可能有隱藏情緒。
- 語尾的處理：語尾模糊、拖長或突然收尾，都可能透露出情緒的真相。例如說「就這樣吧……」語尾拉長，暗示不確定或無奈；若突然收尾，可能是防備、抗拒或壓力中止。

這些語音細節，就是對話的「情緒地圖」。能否辨識這些訊號，決定了我們接下來的對話是否走在正確的方向上。

回應的藝術：不是對抗，而是對焦

當我們察覺語氣中的不安或疑慮時，不必急著解釋或反駁，而是先試著「對焦」對方的感受。這不表示我們認同他的想法，而是承認他的情緒真實存在。

比方說，對方冷冷地說：「你們方案寫得倒是挺漂亮的。」

你若直接回：「那當然，我們花很多時間準備。」只會讓對方更疏離。

但若你回：「我感覺您對實際操作面可能還有些疑問，方便讓我多了解一下嗎？」這樣的回應能降低防衛心，反而打開真實對話的空間。

懂得在對話中處理情緒，並不是情緒化，而是洞察背後脈絡，提供一個讓對方願意放下心防的通道。

這種回應方式的重點在於：

1. 用「我感覺……」而不是「你就是……」來引導
2. 用探詢語氣，而非判判語氣
3. 給對方情緒停留的空間，再慢慢導入理性討論

當你練習用「情緒對焦」的方式回應，不只對方會感受到被理解，你也更容易掌握溝通節奏，把對話掌握在主動的位置。

語氣是地圖，情緒是線索

在對話中，情緒往往是先於邏輯的反應。若我們忽略了這些語氣與情緒變化，就容易陷入自說自話；但若我們願意傾聽這些細節，就有可能提前發現裂縫、化解衝突，甚至贏得對方的信任。

從今天起，讓自己在每一次對話中多一分留意：

不是只聽內容，而是去「感受」對方說話時的節奏、語調、語氣中隱含的情緒。當你能用這種方式「聽懂」對方的話，你就能說出更讓人聽得進去的話。

接下來的章節，我們將深入探討如何從對方「行為」與「微表情」中找出更多線索，讓你的對話不再只是巧，而是一種洞察與引導的藝術。

從肢體與眼神，看穿對話下的真實訊號

張婉婷是一位資深人資經理，她曾面試一位應徵者，對方履歷漂亮、回答也流暢，但婉婷總覺得哪裡不太對勁。直到她注意到，當問及過往離職原因時，對方的眼神瞬間閃爍，身體微微往後靠，雙手也下意識地交握在一起。

這些微妙的肢體反應，遠比言語更誠實。她敏銳察覺到對方可能對這段經歷有所保留，便進一步柔性詢問：「如果您方便分享一下，當時公司遇到的挑戰是什麼呢？」

這麼一問，對方才坦承前公司營運困難，自己也因此遭遇不少壓力。這場對話，也因為她的觀察力，而化為一次深入了解的契機。

肢體語言與眼神交流，常被稱為「無聲的溝通」。在面對面交流中，它們比語言更能反映內心狀態，甚至可以揭露潛藏的矛盾與猶豫。

肢體語言中的潛藏訊號

與人交流時，肢體語言往往自然而然流露，無法完全控制。若能善用觀察力，就能讀懂對方的潛臺詞。

觀察「開放」或「封閉」的姿態

開放的肢體語言如：手臂自然放開、身體微微前傾，代表對方對談話內容感興趣或感到自在；相反地，雙手交叉、雙腿交疊、身體後仰，則可能暗示著防備或不安。

注意小動作的頻率

當對方開始頻繁整理頭髮、觸摸臉部或來回擺動腳步時，很可能是緊張或焦慮的表現。這些行為通常不自覺，是內心壓力的出口。

留意身體朝向與傾斜角度

如果對方的身體與腳尖朝向出口或偏離你的位置，可能意味著他對話題缺乏興趣或急於結束對話；若身體朝向你並輕微前傾，則多半表示對交流持開放態度。

這些細節，都是對方「未說出口的話」。當你能敏銳察覺，對話便能更順暢地對焦，減少誤判與誤解。

眼神的力量：直視與閃躲之間

眼神是靈魂之窗，更是對話中的情緒放大鏡。透過觀察對方的眼神變化，可以進一步確認他的內心狀態。

穩定的眼神交流通常代表自信與誠意，閃爍不定則可能透露焦慮或隱瞞；當對方的眼神游移不定，或者頻繁避開你的視線，往往意味著話題觸及敏感地帶。

不過，觀察眼神變化時也需要注意文化差異與個人習慣。有些人天生不習慣長時間對視，這並不一定代表心虛或不安。因此，眼神訊號最好搭配肢體語言一起解讀，才能更準確地掌握對方情緒。

在對話過程中，適時地與對方保持自然的眼神交流，能夠有效傳達尊重與專注，也能讓對方感受到你的誠意。

讀懂肢體與眼神，解鎖無聲對話

語言或許能修飾，肢體與眼神卻難以隱藏。當你學會閱讀這些無聲訊號時，對話就不只是表面的言語交換，而是深入對方內心的真誠互動。

每一次交流中，請讓自己多留心對方的姿態與眼神變化，你將發現更多微妙而關鍵的訊號。這些觀察力的累積，將成為你對話中最強大的輔助工具。

表面答案背後，藏著多少未說出口的話？

林靜宜是一位客戶關係經理，在與重要客戶洽談續約時，對方表面上回應：「目前還在內部討論中。」這看似合理的答案，卻讓她感受到一絲不尋常。她觀察到，對方語氣中帶著遲疑，眼神也略微閃爍，便意識到「內部討論」可能並非唯一原因。

她順勢追問：「通常遇到這樣的情況，是預算考量還是時程安排上有困難？」對方沉默片刻後，坦言：「其實主要是我們正在評估其他供應商的方案。」

這句話，才是真正的關鍵。

許多對話中，看似正常的回答往往只是保護性語言。懂得破解模糊回應，就能洞察背後的真意，避免錯過關鍵訊號。

模糊回應的典型特徵

模糊回應，通常有幾個明顯特徵。

語言模棱兩可，如「還不確定」、「再看看」、「目前不好說」。這類表達通常是對方尚未準備好透露真實情況，或是有難言之隱。

回應過於簡短或重複套話，也是警訊。例如：「照流程走吧。」、「到時再討論。」當對方使用這類話語時，代表他想暫時保留空間，避免被追問過深。

此外，若語氣低落、眼神閃爍或肢體語言封閉，都可能暗示著回應不夠坦率。這時候，不能被表面答案帶偏，而是要進一步挖掘背後的原因。

精準追問，打破界線

破解模糊回應的關鍵，在於提出精準追問。這並非咄咄逼人，而是幫助對方釐清思緒，進而打開心防。

首先，將問題具體化。例如對方說：「我們再考慮看看。」你可以追問：「考慮的部分主要是成本效益，還是合作流程？」

其次，善用假設性提問。假設對方說：「目前我們還沒決定。」你可以說：「如果預算不是問題，您會傾向哪一種方案？」這樣的問法，能引導對方在安全的前提下，透露更多真實想法。

同時，站在對方立場回應，降低對方戒心。例如：「我理解決策不容易，尤其涉及多方考量。如果有顧慮的地方，我們可以一起討論看看解決方案。」這樣既展現誠意，又能促使對方打開心門。

看透話語迷霧，發現對話真相

每一次對話中，模糊回應都是風險，也是機會。選擇忽視，將錯失關鍵資訊；選擇洞察，則能在言語迷霧中找出前進的方向。

破解模糊回應，不是為了拆穿對方，而是為了真正理解他的處境與需求。當你願意多問一步、深入一步，就能從看似平淡的對話中，發掘出推動合作的動力。

結合邏輯與直覺，提升洞察力精準度

劉致遠是一位產品經理，他在一次產品設計會議中，面對多方意見時，他一邊分析銷售數據與用戶回饋，一邊觀察發言者的語氣與表情，試圖讀懂他們未明言的真實想法。

當銷售部門代表語調高亢強調價格優勢時，他察覺對方焦慮的情緒；而當設計團隊輕聲提到用戶體驗時，他注意到語尾帶著猶豫。這些訊號，讓他意識到：表面爭論焦點是價格，背後真正糾結的是產品定位是否符合使用者期待。

藉此，劉致遠成功結合邏輯分析與直覺感受，提出雙贏方案，既兼顧成本又提升體驗，贏得全場認同。

邏輯分析：資訊的脈絡思考

邏輯，是洞察的基礎。透過邏輯分析，我們可以理清事實與數據，建立完整的資訊脈絡。

當你面對一場重要對話時，先整理可得資訊：對方的背景、現有需求、過往互動紀錄。這樣做不僅幫助你掌握全局，也能避免被情緒訊號帶偏判斷。

例如，當對方強調預算有限時，你可以快速結合現有資料，思考是否過去有類似經驗？是否有替代方案？透過邏輯推理，讓你的洞察更有根據，不再只憑感覺。

直覺反應：微妙線索的捕捉器

直覺，是洞察的加速器。很多時候，對方即使沒有明說，他的肢體語言、語氣變化、甚至一個微妙的停頓，都能成為你解讀的重要線索。

直覺並非神祕的天賦，而是對大量經驗與細節觀察的累積。當你在對話中感受到不對勁，這往往是潛意識捕捉到訊號。這時候，請不要輕易忽略，而是結合邏輯思考，進一步驗證你的感受是否成立。

懂得善用直覺的人，能在第一時間感知對話的溫度與方向，避免錯失關鍵時刻。

邏輯與直覺的雙輪驅動

真正高階的洞察力，是邏輯與直覺的雙輪驅動。兩者相輔相成，缺一不可。

當你僅靠邏輯，容易陷入數據迷思，忽略人性層面的變化；但若只依賴直覺，則可能因個人偏見而誤判局勢。唯有將邏輯與直覺融合運用，你才能在面對複雜局面時，做出既冷靜又敏銳的判斷。

例如，在洽談合作時，你邏輯上分析對方條件可行，但直覺告訴你對方態度有所保留。這時候，透過進一步提問與觀察，印證雙方真正立場，避免因表面順利而忽視潛在風險。

讓洞察力成為你最可靠的導航

邏輯給你方向，直覺給你速度。當你能同時運用這兩種能力，洞察力便不再只是技巧，而是你的天然優勢。

在未來每一次溝通中，讓邏輯替你鋪路，讓直覺幫你導航。如此一來，無論對話多複雜，你都能從中看清局勢，精準應對。

理解對方流程，掌握對話主導權

在商務洽談中，李承翰經常面對這樣的場景：客戶初期熱絡，但提案遲遲無法推進。經過觀察與反思，他發現問題不在於提案本身，而在於對方內部決策流程與考量流程。

他開始主動詢問：「貴方通常在決策此類專案時，會歷經哪些階段？」藉由理解對方內部節奏，他調整了步調，選擇在對方內部初審完成前提供補充資料，在評估階段提出成功案例，並於決策關鍵時刻再做強烈推進。

結果，不僅縮短了成交所需時間，也提升了合作成功率。由此可見，真正掌握對話步調，並非只針對談話當下，而是洞察整個決策鏈與時間節奏，進而找到主導對話的最佳節點。

預判節奏斷點，提前布局有效對話

在對話中，關鍵並不在每一句話的速度快慢，而在於能否預判節奏中的「斷點」。

這些斷點，可能是對方需要向上匯報的階段，可能是跨部門會議的時間點，也可能是對方內部的觀望期。

有效的對話策略是，提前布局，主動提供對方在每個斷點前需要的資訊或資源，減少猶豫與拖延。例如，在預算審核前，提供預估效益數據；在方案比較階段，主動呈現差異化優勢。

這種節奏管理，遠比單純的語速或語氣調整更具戰略性，也更能掌握對話主導權。

主動設計對話節奏，引導決策過程

不只是適應對方節奏，更進一步的是主動設計對話流程，讓交流過程成為對方決策的助力。

例如，先了解對方需求，再透過案例分享提高期待，接著引導對方設想未來合作的可能性，最後提出明確的建議，促成行動決策。

這樣的節奏安排，不僅讓對話自然流暢，也能有效減少對方的猶豫與反覆思考，提升推進效率。

掌握這種節奏設計力，能讓你在面對任何對話情境時，都能保持從容與主導權，讓每一次溝通都朝著理想目標前進。

看懂節奏背後的邏輯，成為對話的引導者

對話的節奏，遠不止於快慢與語氣的掌控。真正高明的對話高手，懂得洞察對方決策流程、預判斷點，並且主動設計對話流程，精準推動交流向前。

當你看懂節奏背後的邏輯，就能從被動應對，轉為主動引導，讓每一場對話都成為推進合作與共識的有效工具。

理解多方角色，掌握回饋節奏

在一場跨部門會議中，張庭瑋擔任協調者，會議桌上有市場部門推崇創新、財務部門強調成本控制，還有研發部門關注技術可行性。她意識到，與單一對話不同，多方互動中，每個角色有不同的思考節奏與決策重點。

為了取得平衡，庭瑋設計了分段式對話流程。她先詢問市場部門對產品定位的看法，確認需求方向後，再請財務部門評估預算可行性，最後讓研發部門提出技術驗證建議。每一步都順著各方思路，建立逐層共識，避免各說各話。

這樣的策略，成功將多方意見融會貫通，打造出整合性提案，最終獲得全場認同。多方對話的節奏，不僅需要同步，更需引導，讓每個聲音都能被聽見，並有效整合成前進的動力。

理解角色需求差異，設計對話流程

面對多角色互動，理解不同角色的核心需求至關重要。市場部門關注的是產品能否吸引目標客群；財務部門關心的是投入成本與回報；研發部門則在意技術可行性與執行風險。

針對不同角色的節奏與期待，對話時可以採取分層策略：

- 先回應核心焦點：優先針對最關鍵部門的關切，例如財務部門的預算限制，避免話題失焦。
- 逐步引導共識：在滿足一方需求後，再整合其他部門的觀點，促進彼此理解與支持。
- 靈活調整步調：面對節奏較快的部門，迅速提供數據支撐；對於思考較謹慎的部門，預留討論空間，減少壓迫感。

透過這樣有節奏的對話設計，不僅能有效消除部門間的隔閡，還能提升整體決策效率，促成多方合作的最大化成果。

掌握多方節奏，靈活調整交流節拍

多方對話如同交響樂團，每個角色都是樂章之一。若只關注單一聲音，整體旋律便失去平衡；唯有理解每個角色的節奏與需求，才能指揮出和諧且有力的樂章。

靈活引導不同角色的節奏，溝通便不再是困難的拉鋸，而是協作共進的推力。

語言的張力，決定對話的焦點

在一次年度策略規劃會議中，林尚恩擔任簡報者。他敏銳察覺，當他全程使用穩定語調闡述計畫時，聽眾反應平平；但當他特意強化語言力道，在提出挑戰目標時提高語氣強度，隨後在闡述解決方案時適度放緩語速，現場氣氛明顯活躍起來。

語言力道的收放，不是隨意調整聲量或語速，而是有策略地透過語言節奏與力度，製造對話中的張弛感。適當的緊張與舒緩，能有效提升對話張力，讓訊息更有層次感，促使聽者保持高度專注。

精準施力，強化重點訊息

在溝通中，並非每一句話都需要全力輸出。關鍵資訊需要強化力道，背景資訊則可輕描淡寫，形成明顯層次差異。

- 強化重點時，提高語氣力度與節奏感：當傳達決策關鍵、行動號召或挑戰目標時，適當提升語氣強度，強調語句節奏，能有效聚焦聽眾注意力。
- 輔助資訊時，適度降低語言張力：說明背景或鋪陳脈絡時，語速放緩，語調降低，讓聽者有時間消化資訊，為下一個重點訊息鋪路。

透過語言力道的收放，對話不再平淡無奇，而是擁有如波浪般的節奏變化，提升整體說服力與感染力。

調節氛圍，營造對話張弛有度

語言力道的收放，還能有效調節對話氛圍。當討論陷入僵局時，適當降低語氣強度，轉為溫和語調，有助於緩和緊張情緒；相反地，在推動決策或激發行動時，提升語言張力，能有效點燃現場氛圍，促成對方採取具體行動。

此外，靈活調整語言力道，還能根據聽眾狀態進行即時調節。例如，當聽眾出現疲態時，透過語氣強化喚醒注意力；當對方情緒高漲時，適時降低語調，穩定交流情緒。

這種靈活自如的語言力道運用，能讓對話更加生動，避免陷入單調乏味的溝通模式。

語言收放之道，成就說服力與感染力

對話如同演奏一場樂章，語言的力道就是樂曲中的音符強弱變化。懂得收放語言力道，才能在關鍵時刻強化訊息，在必要時舒緩氣氛，打造引人入勝的溝通節奏。

當你掌握語言張弛技巧，對話將不再是單純的訊息傳遞，而是充滿情緒張力與說服力的交流藝術。

看懂阻力背後的動機

周子晴是一位企業培訓講師，某次在為一家科技公司做團隊溝通培訓時，遇到一位態度明顯保留的部門主管。對方雖然口頭上表示理解課程內容，但語氣冷淡，提問時多半帶有質疑語氣。

她並未急著反駁，而是換個角度思考：這位主管可能擔心變革會增加團隊負擔，甚至影響績效考核。於是，她在課堂中安排一段特別模擬演練，讓該主管親自帶隊完成溝通練習，並強調：「這不是多一層工作，而是讓您的管理效率更高。」

原本緊繃的氣氛立刻緩解，對方態度也明顯軟化。由此可見，面對阻力，第一步不是對抗，而是理解對方「為何抗拒」，才能對症下藥，逐步化解。

語言策略，化解抗拒心防

當我們面對溝通阻力時，語言策略的運用成為關鍵。不同類型的阻力，需要對應不同的語言應對方式。

- 表面附和，內心抗拒：遇到這種情況，可鼓勵對方說出真正顧慮。例如：「您認為這樣的調整，對團隊有沒有什麼潛在挑戰？」
- 直接反駁，態度強硬：此時不宜硬碰硬，可採「轉化語境」策略，將對方關注點從對立轉為共同目標。例如：「我們的目標都是希望流程更順暢，是否有您建議的改善方式？」
- 沉默不語，態度冷淡：遇到沉默型阻力，可以透過「間接引導」，激發對方參與感。例如：「如果站在團隊角度思考，您覺得這部分是否有更好做法？」

善用這些策略，能有效拆解對方心防，將對立情緒逐步轉化為合作意願。

逐步釋放壓力，建立良性循環

化解阻力不可能一蹴可幾，需要循序漸進的策略。避免一開始就將話題推向對方顧慮最深處，應先從輕鬆話題切入，慢慢引導進入核心議題。

過程中也要注意「微正向反饋」，當對方表現出微小改變或正面回應時，及時肯定，強化其正向行為。例如：「您剛剛的建議很有啟發性，這樣的思路有助於我們找到更佳方案。」

最後，適時暫停與緩衝，給對方思考空間。透過節奏上的適度放慢，降低對方心理壓力，創造更加開放的對話氛圍。

這樣漸進式的策略運用，能逐步打開對方心門，將原本的抗拒轉化為合作共識。

轉化阻力，化挑戰為契機

溝通中的阻力，並非障礙，而是理解對方需求與顧慮的契機。當我們懂得用語言策略靈活應對，便能化解誤解與疑慮，建立更穩固的信任基礎。

記住，真正高明的對話，不是壓倒對方，而是引導對方主動靠近你。當你能看懂阻力背後的動機，靈活運用語言策略，逐步化解對方心防，溝通的道路便會變得更加寬廣。

第三章

建構有力框架，
讓說服事半功倍

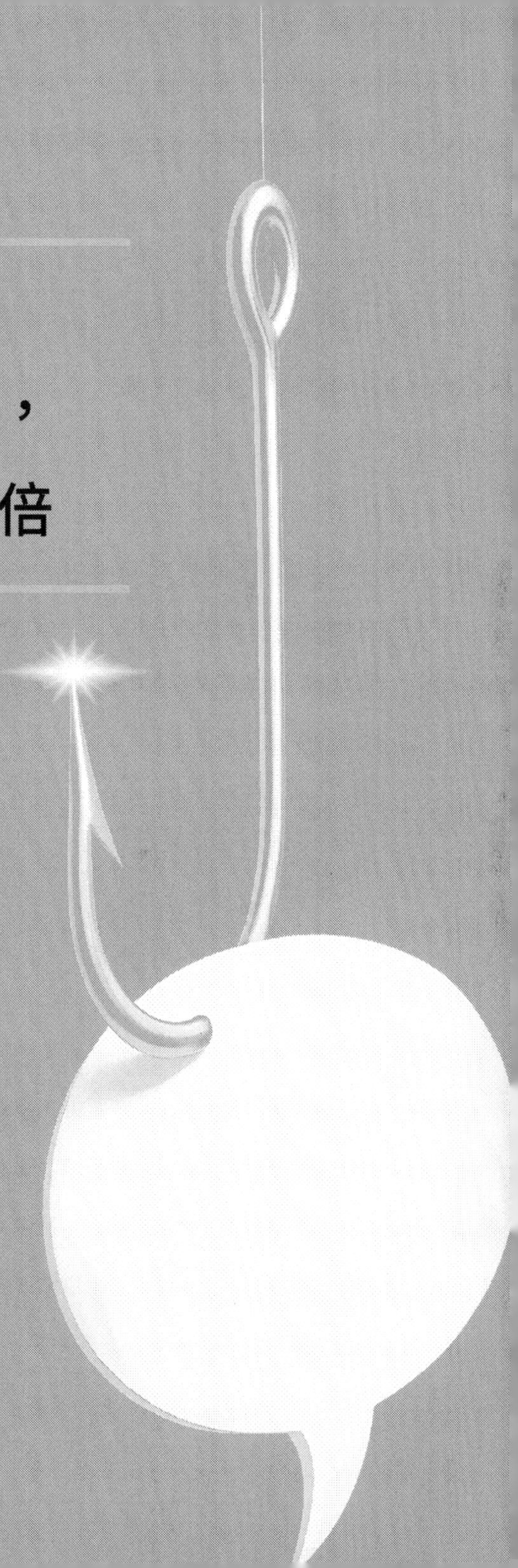

善用說服力，精準建立立場優勢

劉宸是一位策略行銷顧問，經常為企業設計銷售簡報。有次，他為一家新創科技公司準備募資提案時，刻意採用了「問題 —— 解決 —— 價值」的說服框架。起初，他先提出目標市場面臨的痛點：「企業普遍面臨數位轉型過程中，資料安全風險升高。」接著，他清楚地描繪出解決方案：「我們提供全方位數位防護方案，並具備即時回應機制。」最後，他強調合作價值：「能協助企業有效降低 70%的資訊安全風險，並提升營運信任度。」

這樣層次分明的說服框架，讓投資人對整體方案一目了然，不僅順利爭取到初步合作意向，也為後續深度洽談打下基礎。可見，善用說服框架，能有效降低對方理解門檻，提升說服效率。

其實，劉宸的成功並非偶然。在複雜的商業對話中，對方往往需要迅速抓住重點。清楚的框架能協助他們理順思路，不會被過多細節所困擾。特別是面對時間有限或資訊繁雜的場合，結構良好的說服方式，更能展現專業度與可信度。

經典說服框架

- 問題 —— 解決 —— 價值：先引起對方關注問題，再提出解決方案，最後呈現合作價值。這種框架適合需要迅速建立需求共識的情境，例如產品簡報或商業提案。
- 現狀 —— 風險 —— 轉機：先描繪現狀，再強調不作為的風險，最後呈現選擇改變的好處。當對方處於觀望態度時，這個框架能有效驅動其採取行動，避免僵局。
- 需求 —— 方案 —— 效益：從對方需求出發，提出相應方案，強調可帶來的具體效益。面對以實際利益為考量的對象，如採購或高階決策者，這類框架最能打動人心。

這些框架的共同優點是邏輯清楚、重點突出，有助於引導對方順著你設定的思路思考，降低阻力。

選擇合適的說服框架，除了要考量溝通對象外，也要掌握當前對話階段。如果對方初步了解產品，可用「問題 —— 解決 —— 價值」進行快速導入；若進入深入洽談階段，則轉用「需求 —— 方案 —— 效益」來對應具體考量，更能打中痛點。

此外，不妨靈活混搭框架。例如，先用「現狀 —— 風險——轉機」喚起對方對現況的警覺，再用「需求——方案——效益」提供具體解決方案，形成雙重說服力道。

框架之外，強化支撐內容

有了框架還不夠，關鍵在於支撐內容的充實。數據支持、案例佐證、專業觀點，都是讓框架更具說服力的利器。

例如，當你使用「問題——解決——價值」框架時，除了描述問題與方案本身，若能輔以權威報告數據或成功案例，說服力將大幅提升。如在提案中，特別引用市場研究報告，指出近三年內數位攻擊事件增加 45%，投資人聽到具體數字，自然提高重視度。

框架先行，內容為王

說服力的基礎在於清楚的邏輯框架，而其深度則取決於內容的豐富與真實性。當你能夠靈活運用不同說服框架，並用有力的內容加以支撐，說服過程將變得順暢且高效。

面對各類溝通場合，無論是投資簡報、商業洽談，還是內部提案，掌握框架運用與內容強化，皆能讓你在關鍵時刻占據主導優勢。

抓住關鍵痛點，精準擊中需求核心

王詠翔是一名企業顧問，在協助一家傳統製造業進行數位轉型時，發現客戶對轉型方案普遍持保留態度。表面上，他們擔心的是預算，但深入交流後，他察覺真正的痛點其實是員工對新系統的適應問題，擔憂操作複雜導致生產力下降。

意識到這一點後，詠翔調整了說服策略。他不再單純強調投資回報率，而是針對員工培訓設計專屬方案，並提出「系統簡化操作介面」、「手把手培訓計畫」等配套措施，消除了客戶最大疑慮。

最終，客戶不僅接受方案，還擴大了合作範圍。這個案例說明，只有真正洞察對方的關鍵痛點，說服才不會流於表面，才能打中核心需求，促成合作。

痛點識別三步驟：由表及裡，深挖核心

在實戰中，對方的痛點往往不會輕易暴露，需要你耐心識別與挖掘。有效的方法可以分為三個步驟：

- 表層表達：先聽對方直接說出口的需求或疑慮。例如「預算有限」、「工期緊迫」這類表面理由。
- 隱藏顧慮：進一步觀察對方語氣、表情或言語間的細節。如對話中頻繁提到「我們團隊能不能適應」，這通常暗示內部推動的阻力。
- 深層動機：透過提問與引導，挖掘出真正動機或恐懼。例如：「如果我們能提供完整培訓，是否能幫助貴方團隊更快上手？」這樣的問法能觸及內心深層擔憂。

當你能夠順利走完這三個步驟，對方的真實痛點自然浮現，對話將從表面交流，轉變為有深度的策略性溝通。

精準回應痛點，對症下藥

找到痛點後，接下來就是「對症下藥」。不要試圖用通用型解決方案去應對所有人，而要針對不同痛點，制定量身打造的應對策略。

- 成本導向痛點：強化投資報酬率、成本改善方案，或提出靈活付款方式，減輕對方財務壓力。
- 風險導向痛點：以案例證明、專家背書或試點方案降低決策風險，讓對方看到可控性。

- 效率導向痛點：突出方案能有效提升作業效率，減少學習曲線，強化推動誘因。

例如，針對對方擔憂數位系統難以上手的問題，可以安排現場示範操作、錄製教學影片，甚至提供「一對一顧問服務」，讓對方安心。

記住，痛點對應解決方案愈具體，對方愈容易被打動。當你對每一個痛點都有明確的回應，對方的抗拒感自然會降低，合作意願隨之提升。

多重痛點交織時，優先排序關鍵

在實際情境中，對方往往不只一個痛點，而是多重需求交織在一起。這時候，識別「優先痛點」變得格外重要。

你可以透過以下方式判斷：

- 頻率判斷：對方多次提及的議題，多半是心中的首要考量。
- 情緒強度：談到某個話題時情緒反應較大，表示該痛點影響層面廣泛且深刻。
- 決策影響力：思考哪一個痛點解決後，能直接促使對方做出正面決策。

一旦掌握優先痛點，就能有效集中火力，先解決關鍵問題，再逐步處理次要疑慮，讓整體說服流程更為順暢。

打中痛點，說服才能直指人心

說服並非單向傳遞訊息，而是精準回應對方需求的過程。當你能深入理解對方的痛點，並提供貼切且具體的解決方案，溝通就會從表面對話升級為真正的心靈互動，不僅能提升說服成功率，更能贏得對方長期信賴。

異業的力量，打破框架

陳俊熙是位策略顧問，專長於跨產業合作。有次，他輔導一家傳統書店轉型。面對書店經營者對於轉型電商的遲疑，他並未選擇直接說教，而是分享了一段出人意料的故事。

「我曾輔導一間精品咖啡店，他們也認為風味只能在實體店被體驗。但我們在電商平臺設置了『故事專區』，每款咖啡豆都搭配生產者背景、農場故事與風味筆記，結果半年內線上銷售翻了兩倍。」

他的這段話，讓書店經營者重新看見「故事行銷」的潛力。他們開始為每本書設計『選書人推薦』與『作者背後故事』，不僅成功吸引更多線上流量，甚至吸引社群媒體爭相轉載。異業故事的巧妙運用，打破了思考框架，也讓說服更有說服力。

三大故事類型，靈活運用場景

要讓故事成為說服利器，故事本身的選擇極為關鍵。以下三類故事特別適合用於說服場合：

- 轉型成功故事：描述類似情境下，其他對象如何成功轉型，激發對方信心與行動力。
- 用戶體驗故事：分享實際使用者的體驗感受與成果，讓對方感受到真實可行性。
- 異業借鏡故事：藉由不同領域的成功案例，啟發對方跨界合作，打開想像空間。

這些故事不僅能豐富對話內容，更能跨越傳統邏輯限制，從情感與經驗層面觸動對方內心，拉近彼此距離。

描繪過程，激發想像力

當描述異業成功案例時，不只說明結果，還要描繪過程：「想像一下，當顧客打開網頁，看到的不只是商品資訊，而是產地風土、職人故事，彷彿置身咖啡農園中。」

這樣的情境式敘述，能讓對方身歷其境，激發參與感與想像力。當對方內心劇場被點燃，自然更容易接受你的建議與方案。

避免說教式敘事，讓故事自然流動

值得注意的是，故事的敘述方式至關重要。切忌淪為單向說教，讓對方感到被動接受。相反，應該讓故事「自然流動」，邀請對方在腦海中自行構建畫面與感受。

例如：「設想一下，當讀者翻開這本書，讀的不僅是內容，而是作者寫作背後的動人歷程。」這樣的開放式敘述，能引導對方思考，讓說服效果更深遠。

用故事連結心靈，引導思考模式轉變

故事是說服過程中的加速器，也是溝通的潤滑劑。當你善用故事敘述技巧，並將其與對方需求精準結合，說服過程將變得更加生動有力。

無論是面對客戶、合作夥伴，或是內部團隊，故事都能有效打破理性思考模式的限制，觸動情感層面，引導對方認同你的觀點。

運用對比，凸顯選擇價值

劉家銘是一位市場開發專家，他在推廣一款全新企業管理系統時，巧妙運用了對比策略。面對客戶對現有系統的依賴，他並沒有急著批評對方使用的舊系統，而是拿出了一組對照數據：舊系統的操作繁瑣導致每月維護成本高達新系統的 2.5 倍，且升級功能受限。而新系統不僅維護成本降低，還能自動化數據整合，大幅提升效率。

這樣的對比，讓客戶瞬間理解轉換的價值所在。原本猶豫不決的客戶，開始主動詢問導入細節，合作自然水到渠成。這個案例說明，對比策略能有效縮短決策過程，降低對方猶豫成本。

靈活運用三種常見對比手法

- 數據對比：透過具體數字展現方案優勢，例如時間成本、經濟效益或品質指標。數據化呈現，能使抽象利益具體化。

- 情境對比：描繪使用與不使用方案的不同情境，例如：「若導入系統，數據整合時間從三天縮短至三小時。」生動的場景對比，有助於喚起對方期待感。
- 時間對比：描述改變前後的不同狀態，強化變革帶來的正面影響。例如：「過去需要多部門人工對接，導入後由系統自動完成，工作效率提升 40%。」

靈活運用這些手法，能讓對方更容易感知選擇的價值差異，推動決策過程。

強化情感對比，放大感受差異

除了理性數據，情感對比同樣能有效打動人心。當我們將「現有痛點」與「理想狀態」進行情感層面的對照時，能進一步激發對方渴望改變的動力。

例如，在推廣健康產品時，不妨描述：「現在經常疲憊不堪，工作效率低落；使用產品後，精神飽滿，迎接每一天挑戰。」這種感受上的對比，能讓對方在內心描繪出強烈的願景畫面。

同時，也可以運用反向對比，例如：「如果選擇延後改善，可能錯失市場黃金機會；若現在採取行動，則能搶占先機。」透過這種正負面結果的交錯對比，強化決策的緊迫感與必要性。

避免誇大，保持對比真實性

值得注意的是，對比手法雖然強大，但若誇大其詞，反而會引起對方質疑，削弱說服效果。關鍵在於，數據來源要真實可靠，情境描述要符合事實，避免過度渲染或脫離現實。

例如，在說明成本節省數據時，應清楚標明數據來源與假設條件；在描述場景對比時，也要建立在對方熟悉的經驗基礎上，提升說服力與可信度。

這樣的做法，不僅能強化對比效果，還能建立專業形象，提升對方對你的信任感，讓說服過程更加順利。

對比，讓選擇變得明確

對比，是放大選擇價值感知的有效策略。當你能運用數據、情境與情感多層次對比，讓對方清楚看見選擇差異，就能有效降低猶豫，推動對方做出決策。

同時，保持對比的真實性與專業度，不僅提升說服效果，也有助於建立長期信任基礎。

引導性語言，巧妙帶動思考路徑

李佩珊是一位資深人才培訓講師，經常面對初階主管對領導課題的迷惘。在一次領導力工作坊中，她並沒有直接告訴學員「領導力的定義」，而是這樣提問：「想像一下，如果你的團隊能自動自發完成目標，你會感受到什麼樣的成就感？」

這樣的引導性語言，不是單純給答案，而是刺激對方主動思考，啟動內在動機。結果，學員們紛紛開始分享自己的管理經驗，討論過程中，自然而然地拼湊出對領導力的深刻理解。佩珊巧妙地利用引導性語言，讓學員從被動接受者，轉變為積極參與者。

提問技巧：引導對方深入思考

引導性語言的核心在於「精準提問」。有效的提問不僅能激發思考，還能引導對方沿著你設定的邏輯路徑前進。

◆ 假設性提問：激發對方想像未來情境。例如：「如果這方案能為團隊節省 30%的時間，您覺得最大的好處是什麼？」

- 遞進式提問：從淺入深，逐步引導對方深入問題核心。例如：「目前流程的痛點是什麼？」、「如果能解決，預期會帶來哪些影響？」

這樣設計問題，不僅能帶動對方邏輯，還能讓對話保持流暢自然，減少對方的抗拒感。

語言引導的三層次

除了提問之外，引導性語言還有三種層次，幫助你在不同階段有效推動對話：

- 感知引導：幫助對方重新認知現況。例如：「我們目前的方法已經有效，但是否有機會再提升？」
- 情緒引導：激發積極情緒氛圍。例如：「想像一下，成功導入後團隊的成就感會有多大。」
- 行動引導：引導對方朝目標行動。例如：「不妨試試這個方案，看看成效如何。」

這三層次策略由淺入深，從認知到情緒，再到具體行動，讓對話不僅僅停留在討論層面，而是逐步推進至行動落實。

避免操控感，保持自然互動

引導性語言最大的挑戰在於「自然」。如果對方感受到被操控，反而會引起心理反感。因此，語言運用應保持尊重與開放態度。

建議使用「邀請式語言」，如「我們可以一起思考看看」，或「不妨探討一下這個可能性」，讓對方感受到參與感，而非被動接受。

同時，適時給予對方選擇權，避免單一路徑。例如：「您覺得是加速流程先，還是強化培訓更重要？」這樣的提問，能營造平等對話氛圍，減少對方壓力，提升說服效果。

逐步引導，有效說服

引導性語言，是說服過程中極為關鍵的技巧。透過精準提問、分層策略與自然互動，你能有效帶領對方沿著思考路徑前進，從認知啟發到情緒共鳴，再到具體行動。

當對方由衷地感受到參與感與選擇權，說服就不再是壓力，而是共同探索的過程。

回應質疑，化挑戰為說服助力

黃凱文是一位資深業務總監，在一次大型合作提案中，遇到對方高層質疑他們方案的可行性。「你的計畫看起來理想，但現實中真的能落地嗎？」對方語帶懷疑。

凱文沒有急著反駁，而是平和地回答：「這個問題非常好，您的顧慮代表您對執行細節有高度重視。事實上，我們在其他類似專案中也遇到過相同挑戰，讓我來說明我們如何克服。」

這樣的回應不僅緩解對方的質疑氛圍，還能巧妙地轉化成展現專業的機會。當質疑被正面迎接而非迴避，說服過程反而因此加分。

三步驟應對質疑：接納、拆解、回應

面對質疑時，不宜急躁辯解，而應循序漸進，採取三步驟應對法：

- 接納疑慮，表達理解：先誠懇表達對對方疑問的理解與重視，降低對方心理防禦。

- 拆解問題，釐清核心：進一步詢問或釐清對方具體擔憂之處，避免自說自話。
- 精準回應，提出解方：用具體數據、案例或邏輯分析，對症下藥，解除疑慮。

這樣的應對方式，能讓對方感受到被尊重，並認同你的專業與誠意，進一步提升說服效果。

善用「同理＋專業」雙重策略

回應質疑時，同理心與專業度缺一不可。單純同理而無專業支撐，會讓回應顯得空泛；反之，只有專業論述卻忽略情感溝通，則可能讓對方感到距離感。

- 同理溝通：例如，「我完全理解您擔心落地執行的風險，畢竟這關係到團隊實際操作。」
- 專業回應：接著補充具體方案，「我們針對這部分設計了逐步導入計畫，並安排專屬顧問協助貴方團隊適應新流程。」

雙重策略能有效平衡理性與情感層面，強化回應的說服力。

預備應對清單，化被動為主動

優秀的溝通者，絕不只是臨場反應快，而是提前準備好常見質疑點，做到從容不迫。

建議製作「預備應對清單」，針對不同溝通對象與場景，預先整理可能遇到的問題及應對方案。例如：

- 價格疑慮：強調整體投資回報率與長期效益。
- 執行風險：提供案例佐證與風險應變計畫。
- 時程延誤：說明專案管理機制與進度追蹤工具。

如此一來，即使面對突如其來的挑戰，也能迅速應對，展現專業風範。

化質疑為說服推進力

質疑，未必是拒絕，往往是對方案真心關注的表現。當你能以從容態度接納對方疑慮，並透過拆解與精準回應解除顧慮，質疑就能轉化為深化信任的契機。

善用「同理＋專業」雙重策略，搭配預備應對清單，不僅能強化說服力，更能塑造你的專業形象，贏得對方尊重與支持。

眾人之選，建立信任背書

林野是一位品牌顧問，曾協助一家新創保健食品公司拓展市場。面對消費者對產品安全性的疑慮，他沒有選擇單靠產品成分說明，而是用一組數據支撐：「目前已有超過兩萬位用戶在使用我們的產品，其中，回購率高達 92%。」

此外，他還邀請幾位知名運動員與健康專家公開推薦產品，透過真實使用者評價與專家背書，成功打消了潛在顧客的疑慮。

善用社會證明，讓對方看到「別人都這麼做」，將有效降低對方的不安與抗拒，提升說服成功率。

三種社會證明類型，靈活搭配

不同場景下，社會證明的選擇也需靈活調整。常見的三種類型包括：

- 大眾使用數據：像「超過一百萬人下載使用」、「顧客滿意度達 98%」，能帶來群體信任感。

- 專家或權威背書：邀請具影響力的人士或機構認可，例如醫生推薦、專業協會認證。
- 使用者真實評價：來自消費者的親身體驗分享，比單純廣告更具說服力與真實感。

靈活運用這三種類型，可以根據對方關心的焦點選擇最適合的呈現方式，達到最佳說服效果。

創造可視化社會證明，強化感知影響力

僅有文字或口頭描述往往不夠，將社會證明「可視化」更能強化影響力。

- 數據圖表化：用清楚的圖表呈現使用人數成長曲線或回購率提升數據。
- 影片見證：透過短片記錄顧客見證或專家講解，視覺化增強可信度。
- 媒體報導截圖：整理知名媒體對產品或服務的正面報導，強化公信力。

可視化的呈現方式能讓對方更直觀理解社會證明的價值，進一步提升信任感。

避免流於造假，維護誠信基礎

運用社會證明時，必須保持真實性與透明度。若為追求說服效果而誇大其詞，甚至捏造數據或見證，不僅可能破壞信任，還會導致法律風險。

建議在引用數據時，標明來源；在分享顧客評價時，盡量使用真實姓名或具體描述，避免過度修飾。真實且誠懇的社會證明，比浮誇虛假的宣傳更具說服力。

讓群體力量成為信任基礎

社會證明是說服過程中的加速器。當你能夠善用群體力量、專業背書與用戶評價，並透過可視化的手法強化呈現，將有效建立對方的信任基礎。

同時，秉持誠實與透明，避免過度包裝，才能讓社會證明發揮長期效益，塑造穩固的專業形象。

明確呼籲，驅動付諸實踐

周雅雯是一位行銷策略師，在策劃一場新產品發表會時，除了介紹產品優勢與使用者見證外，她特別設計了清楚的行動指示：「現在掃描現場 QR code，立即領取專屬折扣與試用體驗！」

簡單明確的引導，不僅讓現場氣氛熱烈，還有效提升現場轉化率。許多原本僅是觀望的參與者，突破猶豫心理，因行動指示而主動參與，轉化為潛在客戶。

四種行動召喚策略，針對不同場景

- 立即誘因型：例如「今日報名享早鳥優惠」，創造時間壓力，促使快速決策。
- 價值回饋型：如「填寫問卷即可獲得專屬報告」，讓對方感受到實質好處。
- 分步引導型：拆解行動步驟，如「第一步：註冊帳號，第二步：完成驗證，第三步：啟用功能」，降低行動門檻。
- 社群共同行動型：例如「加入我們的社群，與專家共同交流」，營造參與感與社群歸屬感。

根據對方所處情境與需求，選擇適合的行動召喚策略，能有效提升行動轉化率。

避免模糊與複雜，保持清楚簡潔

設計行動召喚時，應避免過於模糊或複雜。行動路徑不清楚，容易讓對方失去興趣或感到困惑。

建議遵循「一句話就能理解」的原則，例如：「現在申請，免費體驗七天。」這樣簡單明確的指引，能讓對方瞬間明白該做什麼，提升執行意願。

此外，視覺設計上也應強調行動重點，像是使用醒目的按鈕顏色、標示清楚的行動標語，降低理解成本。

製造行動契機，降低決策壓力

有時候，對方並非不願意行動，而是缺乏明確的契機。這時候，可以善用外部觸發點，製造行動時機。例如：

- 時間限定：如「限時三日優惠」，強化緊迫感。
- 數量有限：如「僅限前一百名用戶」，激發稀缺性心理。

- 共同見證：如「已有五千位用戶選擇我們」，加強社會認同感。

這些策略能有效打破猶豫，促使對方即時採取行動，提升整體轉化成效。

引導行動，收穫說服成果

行動召喚，是說服過程中的關鍵最後一步。當你能夠設計清楚具體的行動指引，並搭配適切的誘因與時機，就能有效驅動對方從認知理解走向實際行動。

持續關係經營，轉化為長期合作

許婉柔是一位企業客戶經理，在成功爭取一項大型專案後，她並未就此滿足，而是積極規劃後續維繫策略。她不定期向客戶分享行業最新趨勢，並主動提供階段性回顧，了解專案推進中的新需求。

這樣主動而持續的關懷，不僅讓客戶感受到被重視，也逐步深化雙方合作關係。最終，原本的一次性專案，轉變為長期年度合作。這個案例說明，說服雖能打開合作之門，但要真正建立穩固關係，還需要後續不間斷的經營與付出。

建立後續互動機制，深化信任感

- 定期回顧交流：主動安排定期會議或溝通，了解合作進展與新需求。
- 主動提供價值資訊：分享行業洞察、市場趨勢，讓對方感受到持續價值。
- 設置專屬聯絡窗口：建立便捷的溝通管道，提升回應效率，降低對方溝通成本。

這些互動機制能有效提升雙方互信與好感度，逐步由合作關係轉為夥伴關係。

巧用小驚喜，強化情感連結

除了理性互動，情感層面的經營同樣關鍵。適時給予對方意外的關懷與驚喜，能大幅提升彼此的情感連結。

- 節慶問候：在重要節日送上客製化祝福，展現用心。
- 專屬優惠或禮品：提供超出預期的專屬好康，強化客戶歸屬感。
- 成功案例分享：公開讚揚對方的成功經驗，提升其成就感與認同感。

這些細節雖小，卻能積沙成塔，為關係經營加分。

從交易夥伴走向策略夥伴

經營關係的終極目標，是讓對方不僅僅將你視為供應商或合作方，而是視為戰略夥伴。

這需要你持續從對方角度出發，思考如何幫助他們成長。例如，針對對方新策略主動提出合作提案，或是在面臨挑戰時第一時間給予支持與資源，展現高度責任感與可靠性。

當你能不斷創造超越期待的價值，自然能讓關係由短期合作邁向長期深度夥伴，實現共贏局面。

持續經營，收穫長遠成果

說服帶來機會，但持續經營才能累積成果。當你建立起穩定的互動機制，善用情感連結策略，並用長遠觀點對待每一段合作關係，就能從單次合作擴展為長期共榮的夥伴關係。

第四章

掌握人性，
影響深層決策

誤以為的理性，其實是被預設牽引的結果

張曉雯是一位產品行銷顧問，她遇到一位客戶長期不願調整售價策略，總認為「市場無法接受變動」。曉雯細查後發現，這位客戶只參考過去幾次銷售失利的數據，忽略了整體趨勢與顧客結構的改變。當她提出反例與最新數據時，對方仍以「我感覺這不保險」回絕了建議。

這並不是資訊不夠，而是人性在作祟。人在做決策時，常常不是依據理性，而是根據「先入為主的偏見」、「情緒上的安全感」或「過去經驗的投射」。這些無意識影響被稱為「認知偏誤」。

要提升說服力，先要理解這些偏誤是怎麼出現的，又該如何回應與運用。

常見的認知偏誤與對應說服策略

認知偏誤看似抽象，但只要掌握幾種常見類型，就能有效應對：

- 「確認偏誤」，這種情況下人們只相信符合自己觀點的資訊，對於與自身觀點不符的證據，往往自動排斥。遇到這類情形，最好的策略是不要立刻提出對立觀點，而是先從對方認同的部分切入，再逐步引導他接受新的想法。
- 「過度自信偏誤」，有些人即使不具備專業背景，仍堅持自己的判斷。面對這種狀況，建議巧妙引入權威佐證或第三方觀點，來輔助溝通，降低對方的防禦心。
- 「損失厭惡」，人們普遍對損失的恐懼大於對獲得的期待。要說服這類對象，可以不強調「能得到什麼」，而是讓對方明白「如果不採取行動，將會失去什麼」。
- 「近因效應」，人們容易受近期發生的事件影響，忽略整體趨勢。例如，對方可能因為一次失敗經驗而否定整體方案。此時應提供長期趨勢與整體數據，幫助對方跳脫短期視角。

了解這些偏誤後，你就能在對話中靈活運用，選擇最合適的說服策略。

從錯誤邏輯中引導出正確選擇

理解偏誤只是第一步，接下來的挑戰是：如何在說服過程中「不硬碰硬」，而是順著心理偏誤的方向引導。

比方說，當你知道對方有「損失厭惡」傾向，不要直接告訴他「這樣做會賺錢」，而應說「如果不這樣做，可能會失去原本的市場」。損失感知通常比獲得更能驅動行動。

同樣地，面對有「確認偏誤」的人，不要一開始就丟出對立觀點。你應先附和部分合理立場，並加上一句：「你這樣想很有道理，不過我最近看到另一種解法也頗值得參考……」。

引導的關鍵在於：「承認他的感覺」＋「引入新的參照系統」＝建立說服節點。

實戰應用：辨識對方偏誤的三個關鍵信號

在日常說服或提案中，可以透過這三個行為線索，判斷對方是否被認知偏誤影響：

- 當對方過度堅持既有立場，即使證據不足，這可能是「確認偏誤」。
- 若對方強調「自己以前這樣做就有效」，往往是「過度自信偏誤」的表現。
- 如果對方只針對最近一次事件作為反對依據，這就有可能是「近因效應」。

當你能辨識出對方正在受哪些偏誤影響，就能選擇相對應的策略：是先認同？還是先轉移注意？還是該切換討論層次？這就是高階說服的開始。

破除假理性，才有真說服

我們經常誤以為人是理性的，但事實是 —— 人會用感覺判斷，再用理性找藉口。認知偏誤正是這個過程的副產品。

若你無法看見對方邏輯背後的心理偏誤，再多論點也無法產生改變；但只要你能識別偏誤、順勢引導，那麼說服過程就會變得輕鬆而有效。

自我檢測：你也會落入偏誤陷阱嗎？

請勾選以下問題，確認你自己是否也曾陷入認知偏誤：

問題	有	沒有
我是否傾向只看支持自己立場的證據？	□	□
面對專業意見時，我是否常覺得「我早就知道」？	□	□
我是否對最近的失敗經驗過度反應，影響判斷？	□	□
當別人提出不同建議時，我會先抗拒再聽內容嗎？	□	□
我是否避免改變方案，只因「這是一直以來的做法」？	□	□

建立心理安全感，先解除防備再傳遞觀點

李俊翔是一位企業顧問，協助一家製造業公司導入數位管理系統。剛開始提案時，部門主管們表面上點頭稱是，實際卻遲遲未採納他的建議。俊翔觀察到，雖然每次會議他都準備充分、數據齊全，甚至舉出了幾個成功案例，但對方的回應總是保留且冷淡。

深入私下交流時，他試著不談方案本身，而是關心主管們面對轉型時的壓力。對方才透露，其實大家擔心的是：若新系統落地，現有團隊角色是否會被重新分配？會不會有人因此失去話語權？更深層的焦慮，根本不在專業討論範圍，而是藏在人性的「安全感」需求之中。

這讓俊翔領悟到一個深刻道理：任何溝通，無論你多有道理，如果對方心中沒有「安全感」，再多理論也無法穿透防備。說服的起點，不是展現能力，而是先讓對方「覺得安全」。

建立安全感的核心要素

在任何對話場景中，對方是否願意打開心門，往往取決於這三個關鍵因素：

一、資訊透明，降低不確定感

人類本能對未知保持警覺，因為未知代表風險。當溝通中存在大量不明資訊，對方容易想像最壞情境。例如，若你提出一個改革方案，但未說明時間表或配套措施，對方很可能自行胡思亂想：「是不是馬上就要裁員？」、「是否意味著部門重組？」為了避免這種情況，我們應盡可能清楚描繪全貌：包括計畫分階段推進、每階段評估標準與負責人角色。越是詳盡透明，對方越能感到安心。

二、展現理解與共感

在溝通中，對方不見得希望被說服，但一定希望被理解。當你能適當反映對方的情緒與立場，能顯著降低其心理防禦。例如，客戶對於價格調整方案有疑慮，你可以先表示：「考量到您的預算壓力，這是完全可以理解的擔憂。」這樣做能快速拉近心理距離，使後續溝通順暢。

此外，研究顯示，人們在感受到被理解時，大腦會釋放類似正向回饋的訊號，心理壓力下降，決策接受度自然提升。

三、給予選擇權與自主感

強迫接受某個選項會激起本能抵觸，因為這意味著自主權被剝奪。即使是簡單的選擇題：「你傾向 A 方案還是 B 方案？」都能有效降低對方的不安全感。參與感帶來的是心理上的「控制感」，即使選擇是你預設的，也會比單向推銷來得有效。

在職場或商務場景中，這種方式尤其重要。當你提出專案計畫時，不妨多提供選擇空間，讓對方覺得自己也在參與決策過程，而非單純被動接受。

降低心理防衛的實戰策略

建立安全感，必須從「解除對方的警戒心態」做起。以下這些策略，能有效降低對方的心理防衛層級：

預先揭示風險，掌握主動權

與其等對方挑戰，不如主動承認方案中的可能風險。例如，在提案會議中說明：「這項建議的確需要跨部門合作，我們也已規劃好相應的協調機制。」這樣的預警反而能顯示你考慮周全，增強對方的安全感。

使用正面語言框架，減輕負面聯想

正面語言有助於引導積極情緒。例如，與其說「如果不採用這個方案，可能會損失市場份額」，不如說「這個方案能進一步鞏固我們的市場領先地位」。這樣的表達能減少對方心理負擔，提升接受度。

逐步推進，建立小成功經驗

將大變革拆解成小步驟，讓對方在每一階段都能看到具體成果，逐步累積信任感與安全感。例如，在導入新流程時，先從單一部門試行，取得初步成果後，再擴大推行。這種「逐步成功」的設計，能有效化解初期的不安。

這些策略共通的核心精神，就是：讓對方感受到，與你合作是可控、可預測且有保障的。

心理安全感，是真正影響力的起點

缺乏安全感的對話，就像隔著厚玻璃溝通 —— 你說的話無論多有道理，都只能在玻璃外回音。只有當對方感受到你的誠意與透明，玻璃才會悄然消融。

心理學研究指出，當個體處於高壓或不確定環境時，大腦中的「杏仁核」會變得高度活躍，導致本能防禦反應啟動，削弱理性思考。這意味著，建立安全感其實是幫助對方「從本能轉向理性」。

你可以擁有再強的邏輯、再多的資料，甚至最優秀的方案，然而若忽略了對方對安全感的需求，所有說服技巧都可能功虧一簣。唯有從心理層面降低對方防禦，讓對話氣氛變得安全且舒適，說服力才會如水入杯，自然成形。

真誠的付出，才能換來對等的回應

在一次跨國合作提案中，行銷總監吳柏霖提前兩個月主動協助合作方整理市場資料，甚至為對方準備專屬的客戶洞察報告。當提案會議正式召開時，合作方對他的準備表示高度肯定，並且出乎意料地主動詢問，是否能讓柏霖的團隊參與更多專案環節。

這不是偶然。柏霖懂得一個溝通核心：人們天性中有「互惠傾向」。當你先真誠地付出，對方往往會產生心理上的回饋壓力，傾向以相對的回應維持內在平衡。

互惠原則不僅是人際關係的潤滑劑，更是說服過程中的關鍵策略。透過適時付出價值，能有效降低對方的戒心，同時引發正向回應機制。

互惠原則的心理學基礎

互惠，是人類社會互動的基本規律。從遠古時代開始，人們透過「禮尚往來」建立群體合作，促進生存與發展。即使在現代，這種心理驅動依然深植人心。

心理學研究顯示，當人們接受他人恩惠後，會產生一種「心理負債感」。這種感受促使他們希望盡快回報對方，以解除內心的不安。這正是互惠原則能夠在各種溝通場景中發揮強大作用的原因。

不過，需要強調的是，互惠原則真正有效的前提，是「真誠」與「無預設回報」。如果付出被對方察覺是為了交換利益，效果往往適得其反，反而讓對方感受到壓力甚至抗拒。

運用互惠策略的實戰層面

一、初始互惠：創造良好開局氛圍

在對話一開始，主動釋放善意，是建立互惠循環的第一步。例如，在商務交流中，提前提供一份專屬分析報告，或是主動協助解答對方的疑問，能有效提升對方對你的好感度與信任感。

這種初始互惠即便只是小小舉動，也能帶來意想不到的正向循環。對方在潛意識中已經記住你的好處，日後自然傾向於提供回應。

二、階段互惠：逐步加深互動厚度

互惠並非一次性的行為，而是需要隨著互動深入而遞進。你可以在不同階段持續提供價值，例如在對話中根據對方回饋即時調整方案、提供額外資訊支援、甚至邀請對方參與決策。

透過多層次的互惠動作，能強化雙方的合作黏著度，讓對方感受到持續性的支持，自然而然願意給予回饋。

三、延伸互惠：超越預期，塑造長期信任

當你在雙方互動中主動跨越對方預期，例如在專案結束後仍持續提供關心或資源，便能有效打破短期交換的框架，轉向長期互惠的關係。

這種超預期的互惠行為，尤其適用於建立深層合作夥伴關係，讓對方認為與你合作不僅僅是單次互動，而是值得長期信賴的選擇。

避免互惠中的常見錯誤

儘管互惠原則強大，但若操作不當，容易產生反效果。常見的錯誤包括：

過度強調付出，讓對方產生壓力感

當你一再強調自己為對方做了多少，可能會讓對方覺得被道德綁架。適度付出即可，避免流於強迫式回報心理。

付出內容與對方需求脫節

互惠的核心在於「對方感知價值」。如果你付出的內容與對方期待相距甚遠，即使付出再多，也未必能激發回饋行動。提前理解對方需求，是避免這種錯誤的關鍵。

付出後急於索取回應

互惠是心理驅動，不是立刻的交換。過早催促對方表態，反而容易破壞互惠機制。耐心等待，給對方空間做出回應。

互惠建立雙贏溝通局面

真正有效的互惠策略，不是功利交換，而是誠意交換。當你能以真誠的付出展開對話、階段性加深合作厚度，並在互動結束後持續關注對方，你所建立的將不只是一時的說服成功，更是長期穩固的合作關係。

付出本身就是一種力量。透過互惠原則，你可以為對方創造心理上的舒適區，同時為自己鋪設順暢的溝通橋梁。

預設效應：讓對方自然而然接受建議

在一場大型慈善募款活動中，主辦單位嘗試了一個看似不起眼的改變。以往，捐款表單上需要參與者主動填寫捐款金額，多數人選擇跳過或僅選擇最低金額。然而，這次主辦方決定預設捐款金額為 500 元，參與者若無特別需求，可以直接確認付款。

結果出乎意料，採用預設金額的捐款比例大幅提升，整體募款金額增加了近四成。捐款者普遍表示，既然系統已設計好合理金額，便不需要再花時間考慮或變更。

這正是預設效應的力量所在。它不依賴強硬的說服，也不給予壓力，但能巧妙地將選擇導向我們設計的軌道。預設看似不起眼，實則是影響決策極為關鍵的無聲引導。

預設效應的心理學基礎

預設效應（Default Effect）是行為經濟學中的重要概念。研究指出，大部分人在面對選擇時，偏好維持現狀或接受預設選項，原因主要有三：

一、懶惰傾向

人類天生傾向節省認知資源。面對需要花費心力分析的選擇，多數人選擇接受預設，避免思考負擔。

二、信任設計者判斷

人們潛意識認為預設選項經過深思熟慮，因此較為安全。尤其在專業領域或複雜決策中，這種信賴感更為明顯。

三、避免後悔心理

如果選擇偏離預設而結果不如預期，後悔感會更強烈。人們為了避免這種情緒風險，傾向維持預設。

理解這些心理機制後，我們就能設計對話或提案中的預設選項，悄然影響對方決策傾向。

設計有力的預設選項

設置「默認同意」策略

提供方案時不只提出選項，還可以強調：「預設選擇是 A 方案，除非有特殊需求再做調整。」這樣能有效減少猶豫，增加選擇率。

在內部溝通中，當你需要對方參與決策，不妨將某一選項自然作為默認。例如：「會議時間暫定週三上午，如無異議我們就以此時間安排。」這樣的措辭既有禮貌，又帶有引導性。

加強選項排序，突出預設優勢

人們習慣從上到下、從左到右閱讀資訊。將你希望對方選擇的方案擺在首位，潛移默化中，會增加其被選中的機率。同時，避免讓預設選項看起來過於廉價或冷漠，保持專業包裝，提升吸引力。

例如，在產品定價中，預設方案可以是中間價位，給人既不奢侈又不廉價的「理性選擇」印象。

結合社會認同強化預設效應

在介紹預設方案時，可以搭配社會認同的說法，強化其合理性。比如：「多數企業選擇這個方案作為起點，效果良好。」這樣一來，不僅有設計的引導，還有群體心理的加持。

這種方法在銷售、顧問，乃至日常溝通中都非常實用。

預設效應的應用場景拓展

預設效應不僅適用於商業提案，在日常溝通、人際互動甚至企業管理中都大有可為。

在團隊管理中，當你需要團隊接受新規範時，可以先將規範設定為預設流程。當大家習慣於這樣的操作方式後，自然接受度也會提高。

在人際互動中，預設也能體現在語言框架裡。例如：「我們見面時，順便談一下專案進度吧！」這句話不僅安排了會面，還預設性地把專案討論納入會議議程，讓對方不自覺接受。

這些場景共同的特徵是：透過預設，降低對方決策成本，並默默強化你希望推進的方向。

避免預設效應中的潛在風險

雖然預設效應強大，但使用時仍需注意避免過度操弄，造成對方反感。

◆ 過於強硬的預設：如果預設選項設計得過於偏頗，讓對方覺得自己被強迫接受，可能會引起心理抗拒。預設應該是「合理的選擇」，而非「唯一的選擇」。

- 忽略對方需求多樣性：預設選項無法滿足所有人。有效的做法是，在設置預設時保留彈性，例如提供「自訂選項」或「尋求建議」窗口，讓對方覺得自己仍擁有選擇權。

記住，良好的預設效應應該是讓對方感受到「自然接受」，而非「被動接受」。

以無聲的力量，引導有聲的決策

預設效應的精髓，在於它不像直接說服那樣強烈，但效果卻往往更為深遠。當你學會精準設計預設選項，對方在不知不覺間，就已經沿著你規劃好的路徑前進。

這種看似柔和的引導，正是高階溝通者最擅長的策略：不僅能影響對方選擇，更能保持互動的舒適感與尊重感。

讓對方在你的話語中，看見自己

陳信儒是一位房仲業務員，初入行時，他主攻市中心的小型公寓。面對每一位前來看房的客戶，他總是耐心講解物件配置、周邊交通與投資回報，但總覺得成交率始終有限。

直到有一天，一位年輕夫妻帶著小孩前來看屋，信儒不再單純介紹格局與單價，而是描繪了一幅生活畫面：「這間房的陽臺剛好朝東，每天早上陽光會灑進小孩的房間，您們可以想像孩子一早醒來，陽光暖暖地灑在被子上，那畫面是不是很溫馨呢？」

年輕夫妻互望一眼，臉上露出了微笑。短短幾句話，瞬間讓對方在腦海中投射出理想的家庭生活場景。沒多久，這對夫妻便決定下訂，事後更坦言：「你讓我們看到未來在這裡生活的模樣。」

信儒意識到，比起冷冰冰的數據分析，讓客戶在你的話語中看見自己的生活藍圖，才是打動人心的關鍵。這，就是情感投射的力量。

情感投射的心理學基礎

情感投射（Emotional Projection）是心理學中描述「人們將自身情感經驗投射到外界事物上」的現象。這種心理機制能夠讓抽象的議題，轉化為個人的真實感受，從而激發共鳴與行動。

當我們聽到故事中出現類似自身經歷的場景時，大腦中的「鏡像神經元」會被刺激，產生共鳴。這不僅僅是理解對方的故事，而是將自己的情緒融入其中，形成「我也是如此」的深層共鳴。

因此，無論是推廣理念、銷售產品還是日常溝通，只要能引發對方的情感投射，說服力便能成倍提升。

引起情感共鳴

一、講述真實且具象的故事

情感投射的核心，在於「能讓對方代入的故事」。空泛的描述難以引起共鳴，具體而生動的場景則能讓對方自然聯想到自身經歷。例如，在介紹環保產品時，與其說「這能減少碳排放」，不如描述：「使用這款產品，你的孩子未來還能在乾淨的海灘上玩耍。」

二、使用情感語言而非單純陳述

單純的事實陳述往往缺乏溫度，難以激發共鳴。善用情感化的語言，例如「溫暖」、「安心」、「振奮」等詞彙，可以增強語言的感染力。比如，在提案中不妨說：「這個計畫，能為團隊帶來更多成就感與凝聚力。」讓對方不僅理解方案內容，還能感受到其中的正面情緒。

三、巧妙提問，引發內心畫面

引導對方回憶或想像相關場景，是激發情感投射的有效方法。像是：「您是否也曾在煩惱節能選擇時感到兩難？」這類提問能讓對方迅速回想起過去的經歷，自然產生情感連結。

透過這種「由對方內心出發」的提問方式，能讓溝通不再是單向灌輸，而是雙向共鳴。

情感投射的多元應用

情感投射不只存在於演講或產品銷售中，在日常管理、團隊激勵甚至家庭溝通中同樣重要。

在團隊帶領中，當你希望成員投入新專案時，與其強調

「公司需要你們的努力」，不如說：「這個專案的成功，將成為你們職涯中值得驕傲的一頁。」讓團隊成員將未來成就與自身成長相連結，自然提升投入度。

在人際互動裡，情感投射則能幫助對方感受到理解與支持。例如，朋友遭遇挫折時，你可以這樣說：「我也曾經歷過類似情況，那種無力感真的很難受，但正因為如此，我更相信你能挺過來。」這種說法能讓對方感受到你的同理，拉近彼此距離。

儘管情感投射威力強大，運用時仍需避免以下兩個常見錯誤：

- 過度誇大情感，導致反感：故事過度煽情或誇張，容易讓人覺得虛假，反而削弱信任感。保持真誠與適度，是情感投射成功的關鍵。
- 忽略對方背景差異，無法引發共鳴：若故事情境與對方經歷相距甚遠，即使情感真摯，也難以觸動對方內心。使用故事時，應優先選擇能夠跨越背景差異、觸動普遍情感的素材。

良好的情感投射，不是強行灌輸情緒，而是溫柔地啟發對方內心的共鳴。

心連心，讓說服更有溫度

在溝通中，邏輯讓人理解，但情感才能讓人行動。透過巧妙運用情感投射，我們不僅能讓對方聽見你的話，更能讓他們感受到那份真摯與連結。

這種從理性到情感的轉化，正是優秀說服者不可或缺的能力。當對方在你的語言中看見自己的影子，他就更願意與你站在同一陣線，共同推動事情前進。

建立歸屬感，強化影響力

張凱翔剛加入一間新創公司，擔任專案經理。儘管他擁有豐富經驗，也積極提出許多改善流程的建議，但團隊成員對他的建議始終反應冷淡，甚至時常保持距離。

後來，凱翔決定暫時放下急於證明自己的態度，轉而主動融入團隊生活。他參加部門聚餐，與同事閒聊，偶爾在群組中回應團隊成員的日常訊息。幾週後，氣氛明顯改變，大家開始更主動與他交流，甚至在專案討論中請教他的看法。

最終，凱翔提出的專案建議不僅被採納，還被多次點名表揚。回顧這段經歷，他深刻體會到：人的決策不僅基於理性判斷，更受群體歸屬感驅動。

當我們感受到對方是「我們圈子裡的人」，自然會降低防備，提高接受度。這，就是認同效應在人際互動中的深層力量。

認同效應的心理學基礎

認同效應（Bandwagon Effect），不僅是群體決策的參考框架，也深刻影響個體對他人的態度。當我們認定某人是

「同伴」時，潛意識裡會自動賦予對方更多信任感與支持。

心理學研究發現，人類天生渴望歸屬感，這是演化過程中存活的重要策略。被群體接納意味著安全，而孤立則帶來風險。因此，我們傾向優先接受「圈內人」的觀點，哪怕他的觀點與自己原本立場有所不同。

這解釋了為何在職場上，同樣的建議，來自熟悉且受認可的人時，更容易被接納。而在溝通中創造出「我們是一起的」的感覺，便是強化影響力的關鍵。

打造「圈內人」感

一、相似的語言風格，快速縮短距離感

每個團體都有其特定的溝通語言與風格。當你進入一個新環境時，觀察並適度對齊用語與溝通習慣，能迅速降低隔閡。例如，若團隊習慣使用輕鬆幽默的語言風格，你也可以適度融入類似語氣，讓對方感受到你是「自己人」。

這不代表失去自我風格，而是建立初步共鳴的重要步驟。

二、主動參與群體活動，增加接觸頻率

多數人對陌生人天然保持距離，但「曝光效應」告訴我們：只要互動頻率提升，對方的好感度也會自然增加。積極參與團隊活動、共同討論非正式話題，不僅能讓你更快融入，也能讓你的觀點被更多人主動關注。

這種潛移默化的認同感，會讓你的意見從「外部輸入」轉為「圈內建議」。

三、認可他人，交換心理認同

在互動中，適當認可他人的貢獻與觀點，可以有效觸發心理互惠。當你先向對方釋放認同訊號，對方潛意識中也會回應相似的態度。

例如，在專案討論中，你可以主動補充同事的發言：「剛剛的建議很好，我們可以再多延伸一下。」這種互動能快速構建雙向認同，進一步提高說服力。

認同效應的延伸

認同效應並不限於初入職場的融入階段，在各種社交場景中都能大展身手。

在跨部門合作中，當你面對陌生團隊時，先與關鍵成員建立小範圍的認同感，再逐步擴散，能有效帶動整體團隊對你的接納度。

在人際溝通裡，當你與對方價值觀有所差異時，先尋找共同點建立「小認同」，如興趣、背景或目標，再擴大討論範圍，能減少因差異帶來的抗拒心理。

無論場景如何變化，認同效應的核心始終如一：先成為圈內人，再發揮圈內影響力。

即使認同效應強大，運用時仍需避免以下兩點：

- 強行融入，反而引起反感：過度模仿或刻意迎合，容易讓人覺得不自然，甚至產生防備。融入群體應以真誠為基礎，避免失去自我。
- 忽略群體文化差異，適得其反：不同團體對認同的定義不同。有的重視專業能力，有的看重人情互動。理解並尊重這些文化差異，是成功運用認同效應的前提。

真正有效的認同感建立，來自自然流暢的互動，而非生硬的操作。

成為圈內人，讓說服水到渠成

說服力的核心，不僅僅在於你說了什麼，而是對方如何看待你。當你成功建立認同效應，讓對方真心理解你是「自己人」，你的一言一行，自然會被更願意接受。

在任何溝通場景中，先用認同感拉近心理距離，再進行觀點傳達，說服之路就會順暢許多。

情緒如浪潮，即時反應引導方向

陳曉雯是一位資深公關顧問，在一次企業危機處理中，她遇到棘手挑戰。一位品牌代言人因爭議事件引發網路輿論爆炸，公司高層一片焦慮，各部門都在等待指示。面對鋪天蓋地的批評聲浪，曉雯做出關鍵決策：迅速公開回應，主動承認品牌監督不足，同時表達持續改善的誠意。

這樣的及時反應，不僅緩和了消費者的不滿，也迅速穩定了合作夥伴的信任。曉雯深知，在情緒爆發的當下，若選擇沉默或拖延，會讓負面情緒蔓延擴散。但若能第一時間做出適當回應，便能引導情緒往正向發展。

這正是「反射效應」的真實展現：在情緒激烈波動的時刻，第一時間的反應，決定了事態的走向。

反射效應的心理學基礎

反射效應（Reflex Effect）源自心理學中「初始情緒牽引力」的概念。當事件觸發情緒反應時，大腦的杏仁核迅速啟動，主導直覺反應。如果當下獲得正面回應，情緒波動會被緩解，反之則會被放大。

心理學研究發現，人在情緒波動最強烈的前幾分鐘內，對外部刺激的敏感度最高。如果此時接收到緩解訊號，能有效引導情緒向理性方向回歸。

反射效應背後有三個核心驅動力：

一、情緒流動性強

情緒容易受外部刺激影響，特別是在剛爆發時。

二、決策時間短暫

事件發生初期，決策時間極短，反應稍慢便錯失緩解時機。

三、影響範圍擴散快

情緒具有高度傳染性，初始反應會快速影響周遭觀感。

控制情緒節奏

一、迅速承接對方情緒，避免空窗期

當對方情緒波動時，最忌諱反應遲緩或忽視。即使當下無法給出完整答案，簡單一句「我理解你的感受，我們一起來處理」都能有效接住情緒。

二、用正向情緒中和負面波動

透過語言或行為釋放正面訊號，例如：「這確實是個嚴肅問題，我們正在積極處理，相信很快能有好消息。」這樣的語言能有效穩定對方情緒。

三、引導對方視角轉換

適當轉移焦點，幫助對方從情緒困境中跳脫出來。例如：「我們先集中精力處理最重要的部分，其餘細節再慢慢改進。」這種焦點轉移有助於重建理性思考框架。

即便反射效應強大，運用時仍須注意：

◆ 反應過激，易引發連鎖失控：情緒波動時若回應過於情緒化，容易加劇對方反應。保持冷靜與專業是關鍵。

◈ 忽略後續情緒管理：初期回應後，若後續跟進不足，情緒可能重新惡化。記得持續追蹤情緒變化，給予及時支持。

有效運用反射效應，應該是即時回應、穩定情緒，再循序引導事件走向正面。

把握當下，引導情緒走向正面

情緒就像突如其來的浪潮，若能及時掌舵，便能順勢而為，避免翻覆。當對方情緒湧現時，第一時間的回應，便是影響後續關鍵的起點。

善用反射效應，能讓你的溝通更具掌控力，不僅能緩解突發狀況，更能贏得對方的信任與尊重。

期待效應：設定心理預期

劉宛廷是一位資深顧問師，專門協助企業導入數位轉型方案。過去她發現，當直接向企業高層提出變革建議時，往往會遭遇冷淡回應。多數決策者習慣傳統模式，對於新方案容易抱持懷疑態度。

後來，宛廷改變策略。在提出具體建議前，她會先安排一場「趨勢分享會」，主動描繪未來數位化環境的不可逆趨勢，並輔以成功案例。這樣的安排使客戶產生「轉型勢在必行」的心理預期。

當她之後再提出具體改革建議時，客戶不再抗拒，反而主動詢問更多細節。宛廷深刻體會到，與其事後說服，不如事前建立預期，讓對方提前進入接納狀態。

這正是期待效應的威力：透過預先設定心理框架，引導對方自然接受你的觀點。

期待效應的心理學基礎

期待效應（Expectation Effect）描述的是，人們的認知與判斷，往往會受到事前心理預期的深刻影響。

心理學研究指出，當人們形成特定預期後，他們的大腦會自動篩選並放大符合預期的資訊，忽略或淡化與預期不符的訊號。這種現象廣泛存在於醫療、教育與商業溝通中。

期待效應的三個心理驅動力：

一、心理預熱，降低抗拒感

提前設定預期，有助於對方心理預備，降低對新資訊的排斥。

二、強化選擇合理性

既定預期讓選擇看起來更為合理自然，減少猶豫。

三、自我實現傾向

當人們相信某事將會發生，他們行為上也會配合預期，促成預期成為現實。

理解這些驅動力，能讓我們在溝通初期就掌握主動權。

精準設定預期

一、建立正面心理預期

在溝通初期，先給予對方正面展望。例如：「這次合作將為雙方創造雙贏局面，未來有更多成長空間。」這樣的說法能幫助對方建立期待。

二、適度設定挑戰預期，強化成果印象

預先提醒對方可能的挑戰，能讓對方對最終成果更有感。例如：「初期調整期可能需要兩週，但一旦穩定後，效益會非常明顯。」這種設預期管理的方式，有助於提升滿意度。

三、善用時間框架，強化持續期待

設定合理的時間預期，能維持對方的期待熱度。例如：「接下來三個月，我們會分階段完成，請您期待每階段的成效變化。」這樣的設計能保持對方參與感與期待感。

運用期待效應時，務必留意：

過度美化預期，導致落差感

若預期設定過於理想化，最終結果難以達成，會引發失望與不信任。設定預期要真實可靠。

忽略持續預期管理

僅在初期建立期待而未持續維護，容易讓對方中途失去動力。建議階段性更新預期，維持溝通熱度。

適當的預期設計，不僅能打開溝通大門，還能持續引導對方行動。

預期引路，說服更順暢

期待是一種隱形的導航，決定著對方看待你話語的角度。當我們善用期待效應，提前鋪設心理路線，對方不僅更容易接受我們的觀點，甚至會主動配合，成就更順暢的溝通過程。

掌握這項技巧，讓你在溝通開局時就占據有利位置，輕鬆引導對方走向你期待的方向。

第五章
熟悉應對攻防，破解僵局

拆解對方的內心抗拒

李紹庭是一位企業法律顧問，負責拓展新客戶。在一次拜訪新客戶的會議中，對方企業的法務主管態度明顯冷淡，幾乎全程抱持防衛姿態，話語間充滿保留。

紹庭沒有急著介紹自己的專業能力，而是先分享近期行業常見的法律風險趨勢，並且特別強調：「其實，我們最重視的是協助企業預防問題發生，而不是事後處理糾紛。」這一句話，立即讓對方的神情有所放鬆。

會後回顧，紹庭發現正是這種「先拆解對方戒心，再進入專業內容」的策略，使他成功化解了初期的冷淡。幾次往來後，對方不僅開始主動詢問，甚至介紹更多內部部門跟他合作。

在溝通之初，人們總有本能的心理壁壘。如何拆除對方的心理防線，決定了溝通的順利程度。

隱藏在語言背後的防守姿態

溝通中最常見的誤判，就是低估了「隱性防禦」。即便表面語言看似客氣，內心卻可能已經築起厚厚的牆。

心理壁壘常見來源：

- 過往負面經驗：曾經遇過強勢推銷或被誤導，導致面對新溝通時自動啟動防禦機制。
- 資訊不對稱帶來的不安感：對話一方若資訊處於劣勢，會產生戒備心以防被操控。
- 害怕承諾與損失：對方擔心一旦深入溝通就會被「套牢」，所以選擇保持距離。

破解心理壁壘的第一步，是敏銳察覺這些隱藏的防衛機制，並有策略地逐步瓦解。

巧妙化解的核心技巧

轉移焦點，讓對方從防衛到參與

與其直接進攻，不如先引導對方關注共同利益點。例如：「我們觀察到，許多企業在資料保護方面，其實都會遇到類似困難⋯⋯」這種開放式的話題，能讓對方從抵抗轉向參與討論。

減輕心理負擔，營造輕鬆氛圍

語言上避免使用強勢詞彙，如「你必須」、「一定要」，改用「或許我們可以一起看看……」、「提供一些參考給您」這類柔性語句，能有效降低對方心理壓力。

搭配適度的微笑與開放肢體語言，能進一步傳遞友善訊號。

預告互動節奏，消除對方不確定感

在互動前期，適度告知接下來的對話流程，例如：「我們今天先簡單討論幾個方向，如果您有興趣，再進一步交流細節。」這樣的預告能消除對方對未知的恐懼，降低防禦心理。

警惕：過度熱情反而讓對方更退縮

越想突破，對方防線越高

許多人以為多表現熱情就能化解對方抗拒，卻忽略了過度熱情容易被視為有強烈目的性，反而加深對方戒備。

有效的策略，是用平和且真誠的態度循序漸進，不操之過急，讓對方自然而然卸下心理壁壘。

先瓦解心理壁壘，才能打開合作之門

說服的過程，並不是一場力氣的較量，而是一場耐心的拆牆工程。當你成功破解對方的心理壁壘，讓他感受到你的善意與誠意，真正的溝通才會開始。

逆轉客戶觀點的巧妙布局

蘇柏毅是一位資深創業顧問，常協助新創團隊向投資人簡報。一次，他陪同一家綠能科技公司向潛在投資者提案。原本投資人對「技術難以規模化」存有嚴重疑慮。

柏毅沒有急著反駁，而是先重新框定問題：「我們確實要正視技術擴散的挑戰，但換個角度，這也代表技術門檻高，競爭者難以輕易複製。」隨後，他引導對方思考如何利用技術壁壘創造市場領先優勢。

結果原本偏向否定態度的投資人，反而開始討論商業模式的可行性，對於合作態度大為改觀。

柏毅深知，說服的關鍵，往往不在於單純提供更多數據，而在於引導對方改變問題框架。當對方的思考模式被成功引導，說服便事半功倍。

話語框架的潛在力量

每個溝通場景，其實都是「話語框架」的較量。框架，決定了我們看待問題的方式。當你能夠主動設計框架，就能主導對方的思考走向。

常見話語框架操作包括：

- 從問題導向轉為機會導向：將困難包裝為機會，引導對方看到潛藏的可能性。
- 從單點焦點轉為全局視角：避免被單一反對點困住，拉高視角看整體益處。
- 從對立關係轉為共同戰線：語言中多使用「我們」，而非「你我對立」，強化合作感。

話語框架的核心，是主動定義對話邏輯，讓對方在你的地圖中探索答案。

重塑框架的策略

問題再定義：重新設計問題敘述方式

當對方卡在單一問題時，不要急著解釋，而是換個表述方式。例如，對方質疑成本過高，可以說：「這不僅是成本的問題，而是投資換取長期穩定回報的關鍵一步。」

透過重新定義問題，能幫助對方跳脫原有思考模式的局限。

問答引導：用提問推動框架轉換

有技巧的提問，可以讓對方自己重構思考模式。例如：「如果這技術未來能獲得更多市場青睞，您認為會帶來哪些新機會？」讓對方在回答中，不自覺進入你設計的邏輯框架。

框架重塑並非操縱

話語框架設計需要巧妙，若被對方察覺刻意操控，容易激起反叛心理。務必保持自然流暢，避免讓對方感受到被控制。

框架重塑的最佳境界，是讓對方以為那是他自己得出的觀點。

掌握話語框架的力量，就如同擁有對話的地圖設計權。當你能重新定義問題與焦點，對方自然會沿著你鋪設的道路前進，最終抵達你希望的終點。

看似讓步，其實反手制勝

陳曉君是位專門協助中小企業談判的顧問。在一次供應鏈重組談判中，她的客戶因為規模較小，被對方大型供應商持續壓價。對方的代表明言：「你們這個採購量，價格肯定沒得談。」

面對明顯壓力，曉君沒有立刻反擊。她平靜地回應：「我理解，這對你們的成本考量很重要。我們其實也有點為難。」說著，她翻開資料夾，拿出另一家供應商報價單，然後輕描淡寫地說：「不過，我們更重視穩定合作，價格只是參考。」

這番話乍聽像是示弱，實際上卻巧妙植入訊號：一方面表示理解對方立場，放低姿態降低敵意；另一方面，透露出替代方案，悄然施壓。結果，供應商為了避免失去合作機會，反而主動提出折讓方案。

這正是以退為進的高明應用：以表面讓步，換取實質優勢。

「示弱策略」背後的心理運作

人際溝通中，「強者恆強」並非萬用。適時示弱，能引發三大心理效應：

- 降低對方防衛心理：強硬對抗只會加劇對方防禦，示弱則容易讓對方卸下心防。
- 激發對方同理心或保護傾向：人性中潛藏著「保護弱者」的本能，適度示弱能觸發對方善意回應。
- 引導對方掉以輕心：對方認為你處於劣勢時，容易降低戒備，忽略你真正的籌碼與布局。

運用得當，示弱不僅不等於失敗，反而是潛藏的進攻手段。

以退為進的手法

巧妙暴露弱點，反向增強信任

主動提及自身劣勢，反而顯示誠實坦率。例如：「我們規模確實不如大型供應商，但我們的回應速度與彈性更快。」這種說法能迅速取得對方信任感。

適時示弱，降低對方心理負擔

面對對方強勢時，不妨緩和語氣：「我們的條件可能比不上其他方案，但我們更看重合作品質。」用低姿態避免對方因壓力而進一步強硬。

暗藏籌碼，製造驚喜反轉

談判過程中留一手，在適當時機釋放關鍵資訊。例如：「其實我們正在開發新技術，或許對貴公司未來發展有幫助。」這種驚喜反轉，能讓對方重新評估合作價值。

過度示弱易失籌碼

- 示弱要有分寸，不能流於乞求：過度放低姿態，容易讓對方認定你毫無底牌，反而被壓得更深。示弱應該是戰術性選擇，藏著祕密布局。
- 退一步，海闊天空：以退為進，是高段位的溝通藝術。懂得適時示弱，不僅能換取對方好感與信任，更能在局勢逆風時，打開意想不到的突破口。

創造雙贏選項

張佩珊是位品牌行銷經理，負責一家保健食品公司的產品推廣。她發現單純推出優惠方案時，消費者的反應總是平平。然而，當她調整方案，推出「健康組合」與「精選禮盒」兩種選擇後，訂單量竟然明顯上升。

兩種方案價格相近，但強調的價值點不同。一組強調「健康管理全套」，另一組主打「送禮大方體面」。佩珊設計這樣的選項，不是讓消費者糾結是否購買，而是轉化為「選擇哪一種方案」。

這就是「雙贏選項」的設計妙處：透過選擇設計，讓對方感覺到自己是主動決策者，卻在不知不覺間走進你預設的方向。

理解選項設計的邏輯

大腦偏好有選擇的感覺。當面對單一選擇時，容易引發猶豫與抗拒；但當面對多種選項時，反而會啟動決策機制，自覺投入選擇過程。

選項設計具備的心理優勢：

- 降低決策壓力：選擇比單一接受命令感受更輕鬆自在。
- 強化參與感：對方感覺自己在決策過程中占有主導權。
- 預設導向行為：選項之間巧妙設計，引導對方選擇你期望的結果。

設計高效吸引力選項

不同層級滿足多樣需求

設計基礎版、高階版、尊榮版，對方不會考慮「要不要買」，而是「買哪一個版本」。這種多層級選項，能滿足不同客群需求，同時提升成交率。

強化理想選擇

設計兩到三個選項時，刻意凸顯你想推廣的選項優勢。例如：「A 方案基本配備，B 方案全面升級，特別適合需要長期效果的您。」讓對方自然偏向你的主推方案。

補位選項，避免對方拒絕

即使對方不選主要選項，也能設計「退而求其次」的選項，保持合作可能性。例如：「若您暫時不考慮全面合作，也可以選擇先試行小範圍合作。」

這樣的設計，即使對方猶豫，也不至於直接拒絕。

選項過多反而導致決策疲勞

選項設計要適量，過多選擇反而造成困擾。最佳數量通常為兩到三個選項，超過五個以上容易使對方無法做決定，甚至放棄選擇。

設計選項時，精緻比繁多更重要。

對方樂於選擇你預設的道路

說服的最高境界，不是強迫對方接受，而是讓對方認為「這是我自己做的選擇」。設計雙贏選項，讓對方在擁有選擇權的同時，心甘情願走入你為他鋪設的成功之路。

迎擊質疑，化危機為轉機

邱偉庭是一位創業者，正在為一款新型環保建材尋找投資夥伴。在一次簡報中，一位潛在投資人當眾提出尖銳質疑：「這個材料成本高昂，市場接受度恐怕有限，你怎麼看？」

全場氣氛一時間緊張起來。然而，偉庭並未慌亂。他先微笑點頭，表示認同：「您的擔憂非常具體，也是我們團隊最初遇到的挑戰。」接著，他從容解釋：「但我們在測試階段發現，雖然單位成本偏高，但施工時間大幅縮短，整體成本其實更具競爭力。」

偉庭不僅正面接住質疑，還巧妙轉化為優勢，最終贏得投資人認可。

質疑不應該是壓力來源，而是展現專業與沉著的舞臺。懂得拆解質疑攻勢的人，往往能在最艱難的時刻逆勢翻盤。

面對質疑的心理態度

被質疑時，人們常見兩種反應：焦慮防禦或急於辯解。事實上，質疑本身並不可怕，正面回應反而能增加對方對你的認可感。

質疑背後的心理成因：

- 資訊不足導致懷疑：對方對提案內容了解不夠，自然產生不安。
- 立場不同的防衛反應：對方有固有立場，質疑是本能反射。
- 測試對話者的專業度：部分質疑是試探，看你是否有足夠準備。

理解這些心理動機，就能避免情緒化反應，冷靜應對挑戰。

化解質疑的實戰策略

預先鋪墊，主動承認潛在問題

在對方提出前，主動點出問題，並給予初步解釋。例如：「我們預料到初期市場接受度需要時間建立，但已有策略循序推動教育市場。」這樣能化解對方的挑戰感，降低攻擊力道。

接納質疑，拉近心理距離

面對質疑時，先表示理解：「這確實是個重要的考量。」這樣能緩和對方立場，再進一步針對問題逐步回應，建立良性溝通氛圍。

反向提問，引導對方共同解答

當對方質疑時，適當回問能引導對方參與思考。例如：「您認為在成本控制方面，哪些方式可以增加效率？」透過對方回答，反而能轉移質疑焦點，變被動為主動。

忌諱防禦心態

防禦性回應容易顯得心虛或不專業，情緒化反擊則會讓對方更加堅持質疑。

保持專業與冷靜，不僅能有效拆解質疑，還能反映你的穩健度。

成就專業形象

質疑並非挑戰你的價值，而是對方渴望理解更多的表現。當你懂得拆解質疑攻勢，不但能穩固對方信任，還能進一步強化你的專業形象。

無頭銜，依然塑造專業信任感

黃柏翔是一位年輕的營運顧問，初次接觸一家跨國製造商時，對方團隊對他的年齡與經驗感到疑慮。面對這樣的局面，柏翔並未急於證明自己，而是選擇「用結果說話」。

他開場簡單介紹後，直接分享近期協助其他企業家加速流程的成功數據：「在過去三個月，我們幫助兩家製造商，平均提升產能 18%。」接著，他不斷提出具體改善建議，而不是空泛陳述理論。

隨著交流深入，對方團隊逐漸從懷疑轉為積極提問，甚至主動討論實務操作細節。柏翔用專業行動建立信任，即便沒有權威頭銜，也能贏得合作機會。

專業感的塑造，不靠頭銜與資歷，而靠洞察與解決方案。

為什麼「專業信任感」如此重要？

在說服過程中，若缺乏天然權威背書，你的話語影響力很容易被質疑。專業信任感能補齊這一塊，甚至有時候，比權威更有說服力。

專業信任感的三大關鍵因素：

- 可靠的知識基礎：提供數據或具體案例，避免空泛陳述。
- 問題解決導向：聚焦於對方的痛點與解決方案，而非單純自我介紹。
- 互動過程中的穩健表現：保持冷靜自信，遇到質疑時從容應對，累積專業形象。

用數據與案例說話，取代空泛宣傳

不需過多自我標榜，直接用具體成果打動對方。例如：「這類流程調整，我們曾協助 A 公司減少 20%錯誤率。」這樣的數據能有效提升可信度。

穩定表現，建立長久信任

即使被挑戰，也保持冷靜專業。穩定的表現讓對方認為你是值得信賴的夥伴，而非情緒化的推銷者。

例如：「這點考慮得很好，我們可以一起評估不同方案的風險與機會。」

勿過度強調自我成就

「我多厲害」、「我做過多少大案子」這類話語，若無佐證或無對方需求連結，容易被視為自我誇耀，削弱專業信任感。

專業信任感應當由對話過程自然流露，而非單方面堆砌成就。

無權威，也能贏得尊敬

在沒有頭銜光環的情況下，專業信任感就是你最大的資產。當你懂得用數據說話、關注對方需求，並在互動中保持專業穩健，無需權威背書，你也能讓對方信服。

陷入會議僵局，如何解凍？

李家維是一名企業培訓顧問，協助一間電子公司規劃內部流程改革。但就在高層決策會議中，方案討論卡關了。財務主管堅持「改善流程會增加短期成本」，而營運主管則認為「不改革就會被市場淘汰」。

雙方僵持不下，氣氛逐漸凝固。家維觀察後，並未急於提出解決方案。他轉而拋出一個開放式問題：「假設我們暫時不討論成本，請問各位，從市場競爭角度來看，最關鍵的流程是哪一環？」

這個問題讓雙方暫時放下對立，開始理性探討核心流程。透過重新定位焦點，家維成功讓討論脫離對抗態勢，重啟了建設性對話。

不怕僵局，怕的是被困於其中。懂得打破僵局的人，總能在冷場裡創造新機會。

溝通出現僵局，往往來自於：

- 認知框架對立：雙方看待問題的角度完全不同，各自堅守立場。

- 情緒主導理性：情緒被挑起後，即使有合理方案，對方也不願接受。
- 缺乏共同焦點：討論焦點發散，無法聚焦核心議題，導致對話空轉。

破局的實戰技巧

拆解對立，尋找共同利益交集

即使立場不同，總有共同利益。例如：「雙方都希望降低未來風險。」強調共同利益，可以降低對立情緒，重新建立合作基礎。

轉換視角，重設問題焦點

將問題拉高層次，不糾結於當前矛盾。例如：「如果我們站在客戶角度重新思考，這項變革會帶來哪些好處？」透過換位思考，重新啟動理性討論。

給足時間、空間，創造喘息機會

適時提議暫停討論，或提出「階段性解決方案」。例如：「我們先處理眼前能達成共識的部分，再逐步推進其他議題。」這種拆解式策略，可以有效避免僵局持續惡化。

情緒升溫是僵局的加速器

在僵局中，情緒是最危險的燃料。

一旦陷入情緒化爭執，溝通幾乎無法挽回。保持冷靜、用理性對話，是破局的基本要求。

僵局並非終點，而是轉機的起點

每一次溝通僵局，都是重新審視問題、尋找突破口的機會。當你懂得打開對話空間，引導雙方回到共同利益與理性思考，你將能有效打破僵局，重啟主導權。

設計心理迴路，讓對方自我說服

林睿中是一位軟體解決方案的銷售經理。某次，他遇到一位猶豫不決的企業客戶，對產品功能抱持懷疑態度。睿中沒有反覆強調產品優勢，而是選擇設計一套心理迴路。

他先詢問對方：「您目前最需要解決的痛點是哪些？」客戶回答：「效率不高，還有數據整合困難。」接著，睿中引導對方：「如果能將數據即時整合，效率提升，對整體營運會有什麼幫助呢？」

客戶自己分析起來，發現能節省大量時間，提升決策速度。睿中只是點到為止：「正是如此，我們的系統便是為了解決這樣的痛點。」對方聽完後，幾乎是「自我說服」，最終當場決定採用方案。

這就是心理迴路設計的精髓：不要硬塞觀點給對方，而是引導對方自己得出結論。

自我說服的心理機制

心理學指出，人們對自己得出的結論，比他人灌輸的觀點更容易接受並堅守。設計良好的心理迴路，可以讓對方在無壓力下，自己完成認同轉換。

心理迴路的核心優勢：

- 主動參與感：對方在思考過程中，增加參與與認同感。
- 降低心理抵抗：相比被說服，自我說服能降低防禦心理。
- 強化記憶與決策信心：自行推導出的結論，更深植記憶，決策也更堅定。

心理迴路的設計，讓說服變成一場由對方主導的思考過程。

設計心理迴路的三步法

問題引導，啟動對方思考

從對方痛點或疑慮出發，提出開放性問題。例如：「您目前最大的困擾是哪些部分？」讓對方主動說出問題。

梳理利弊，引導對方自我分析

引導對方比較現狀與理想狀態的差異。例如：「如果解決這個問題，您認為會有哪些改善？」這樣的問題能讓對方自己找出合作價值。

重申共識，強化決策信心

當對方接近結論時，適時總結：「聽起來，這正是我們產品能協助您的部分。」讓對方確認自己的思考邏輯正確，進一步堅定選擇。

避免過度引導而讓對方感覺被操控

心理迴路應是輕柔引導，不是強迫誘導。過度明顯的引導容易讓對方感到被操控，反而激發反叛心理。設計心理迴路時，保持自然對話節奏尤為重要。

讓對方成為自己決策的主人

心理迴路的關鍵，不是你多會說服，而是讓對方相信自己做出了正確決定。當你懂得設計這樣的溝通結構，說服力將自然提升，讓對方自願走向你期待的結論。

漂亮結尾，穩固成果

曾子祺是一名保險理財顧問。在一次拜訪客戶後，對方對方案表達了高度興趣，但並未當場決定。子祺並未急於催促成交，而是給予客戶適當空間。

他這樣結尾：「今天的討論非常充實，謝謝您的寶貴時間。回去後，若有任何疑問，隨時告訴我，我也會準備一些模擬方案供您參考，協助您做出最適合的決定。」

這種不強迫但充滿支持感的收尾，讓客戶感受到尊重與專業。果然，兩天後，對方主動聯絡，確認採用建議方案。

漂亮的結尾不只是收尾，而是為下一步合作鋪路。懂得如何收束對話，能讓說服成果穩固，甚至超越預期。

對話收尾，是留給對方最後的心理印象。好的收尾能強化說服效果，反之，匆忙或生硬的結尾則可能前功盡棄。

收尾的重要性體現在三個層面：

- 加強記憶點：對話最後的內容，更容易被記住並影響後續決策。
- 穩定決策情緒：良好的收尾能減輕對方猶豫，強化決策信心。
- 預留後續空間：即便當下未成交，好的收尾也為後續追蹤鋪路。

收尾是點睛之筆，也是決策落地的關鍵。

收束對話的策略

正向總結，強化核心價值

臨結束時，簡潔重申對方獲得的主要價值。例如：「今天的方案重點，就是幫您提升效率並降低未來風險。」

這樣能加深對方對核心利益的印象。

預告後續，維持互動熱度

在對方未立即決策時，預告後續互動，例如：「下週我會再寄送一份客製化方案給您。」保持聯絡，延續溝通熱度。

致謝肯定，營造良好印象

對話結尾表達感謝，並肯定對方的參與：「今天的交流非常有啟發，感謝您的寶貴意見。」這樣能提升對方的好感與合作意願。

避免過度推銷式收尾

收尾過度催促，容易適得其反。例如：「如果您今天不決定，優惠就失效了！」這類話術容易引發壓力感與反感，應避免使用。

優質的收尾應該自然流暢，讓對方自願選擇下一步。

收尾的藝術，決定說服的成敗

一次成功的對話，不在於中間多精彩，而在於結尾多到位。掌握收尾技巧，能讓整體說服成果穩固，甚至為未來合作鋪下伏筆。

第六章
累積信任，
成為關鍵角色

從點到面的信任經營

簡佩珊是一位市場開發經理，在一場國際論壇認識了來自海外的張經理。當時他們只在會後簡短交談，交換了名片，看似再平凡不過的互動。但佩珊沒有讓這次邂逅悄然淡去。

她回到公司後，發現張經理的公司剛好計畫拓展亞洲市場，便主動寄出一封電子郵件，感謝對方交流，並分享了一份市場趨勢分析報告。張經理回覆表示感謝，雙方的互動就此展開。

佩珊並未止步於此。之後每隔一段時間，她便分享最新市場情報、產業洞察，甚至介紹當地值得合作的夥伴，逐漸建立起信任與專業形象。三個月後，當張經理來臺考察時，佩珊更主動邀請他參與企業交流活動。

最終，這段原本只是論壇上的簡短互動，成為跨國合作的起點。佩珊深知，關係的厚度是靠一次又一次的真誠互動與持續經營堆疊起來的。

關係經營，從「好印象」到「好關係」

一次良好的互動，或許能給人好印象，但只有經過層層深化，關係才會真正厚實。

關係厚度不僅是一種感覺，而是長期累積的結果。它體現於以下層面：

- 情感厚度：日常的關心與適時的支持，讓對方感受到你不只是業務往來，更是值得信賴的朋友。
- 專業厚度：持續提供專業見解與資源，讓對方覺得你是可以仰賴的合作夥伴。
- 信任厚度：在對方需要時，及時伸出援手，建立「有難同當」的默契。

這三者共同構築起來，才是真正牢不可破的關係厚度。

深耕關係的實戰技巧

積極但不過度的日常互動

穩定的互動頻率是維持關係熱度的關鍵。除了定期分享產業動態或活動邀約，生活層面的互動也同樣重要。例如，對方公司獲獎、個人生日、節慶時，簡單的一句祝賀都能傳遞關心。

但要注意，不宜頻繁打擾。適度聯絡，既能維持存在感，又不至於造成對方壓力。

提供實用價值，超越表面寒暄

許多關係止步於「問候階段」，無法進一步深化。若能主動提供實用資訊，例如：「您曾提到關心的市場變化，這裡有份最新報告或許對您有參考價值。」不僅展現用心，也讓對方感受到實質幫助。

進一步，適時分享你的觀察與見解，比單純轉發資料更能展現專業高度。

累積共同經驗，增厚關係基礎

若有機會，創造共同經歷，能有效拉近彼此距離。例如共同參與行業研討會、策劃合作案，甚至是私下交流心得，這些都能成為關係中的「情感存摺」，不斷加碼彼此的連結。

此外，共同經歷能累積「共享記憶」，當彼此提起這些過往時，會自然強化夥伴感。

進階策略：主動製造觸發點

除了自然互動，還可以設計「觸發點」，讓對方自然而然想到你。像是定期發布產業觀點文章、舉辦主題分享會，讓對方在需要相關資源時，第一時間想到你。

觸發點的存在，能有效降低關係冷卻的風險。

避免單向索取，造成關係疲勞

當關係中只有一方持續索取，另一方很快會感受到疲勞感。特別是僅在需要幫忙時才出現的互動模式，容易讓對方產生「被利用」的負面感受。

良好的關係應該是雙向流動的，記得在對方幫助你之後，也適時給予回饋，即使只是一句真誠的感謝，都是增加信任的好方式。

厚度決定關係的韌性

經營關係如同建造一座橋梁，初期或許只是一塊踏板，但當你持續投入關心、專業與價值，橋面會越鋪越寬，承載力也越來越強。最終，即使面臨考驗，這座橋也能穩如泰山。

互惠心理打造雙向連結

鄭立文，一位企業培訓師，在一次講座後收到了參與者楊先生的訊息。楊先生針對講座內容提出一些疑問，並且補充了自己的見解。

立文並沒有只回覆一個簡短的「謝謝」，而是認真閱讀對方意見後，撰寫了詳盡回應，不僅回答對方問題，還額外分享了一篇深入分析文章。楊先生受到鼓舞，不僅回信致謝，還在社群媒體上轉發立文的文章，並公開推薦他的專業能力。

數週後，楊先生所在企業舉辦內部訓練，便主動邀請立文擔任講師。這一連串良性互動，來自於最初一個用心的回應，成功帶起了互惠心理。

互惠心理的運作機制

社交互動中，「你對我好，我也會回應你」幾乎是天生反應。即使是小小的善意，也能帶來長遠的回報。

互惠心理具備三大運作邏輯：

- 即時性與遞延性並存：有些回報會即時發生，有些則會在未來的適當時機自然回應。
- 累積效應：多次小小善意能累積成強大的互動能量。
- 無意識驅動：即使對方未立即表態，內心也會產生潛在的回應意圖。

理解這些機制，能幫助我們更有策略地啟動互惠心理。

如何啟動互惠心理？

主動付出，建立良性循環起點

不必等待對方開口，主動釋出善意。例如，分享最新市場洞察：「這是我們最近關注的趨勢，分享給您參考。」不僅能表現專業，也能有效啟動對方的回饋心態。

認真回應，強化互動溫度

當對方回饋時，認真對待比敷衍應付更能強化互惠感。例如，引用對方觀點並延伸討論，讓對方感受到被重視，自然願意加碼回饋。

創造持續互動場景，深化互惠循環

不要讓互動停留在單次來往。可以定期更新資訊、提出問題徵詢對方意見，或分享新的資源，保持關係的活力。

例如：「您之前提到對數據整合有興趣，這裡有份最新報告，您或許會有進一步的見解？」

多層次互惠設計

互惠不只限於單對單，也可以擴展到社群互惠。舉辦分享會、建立交流群組，讓多方互惠互動成為日常，進一步擴大人脈影響力。

這樣的設計，可以讓互惠效應不斷複利放大。

互惠心理，讓關係自我增值

互惠互動是一種長期的投資，當你持續付出價值，對方會不自覺地在心中累積回報債。某天，這些將轉化為主動支持、引薦或合作邀約。

發掘人脈邊界的潛力

陳靖雯是一位品牌策略顧問，平日經常參與各類型的業界活動。一次，她在設計展偶然結識了從事室內設計的王先生。當時兩人只簡單交換了名片，並未深入交流。

幾個月後，王先生透過社群平臺看到靖雯發表的行銷洞察文章，便留言表達讚賞。靖雯注意到後，主動回應並延伸討論，分享更多行銷趨勢。

王先生被靖雯的專業態度吸引，接著主動提出合作構想：「我們近期有個大型商業空間案子，需要邀請品牌策略顧問，不知道妳是否有興趣？」

這次偶然互動，竟然展開了雙方首次合作。靖雯深刻體會到，原本看似疏遠的人脈，往往隱藏著意想不到的機會。

弱連結的隱藏優勢

多數人習慣倚賴熟悉的「強連結」，例如長期合作夥伴、親密好友。然而，弱連結——那些互動頻率較低的關係——往往是你觸及新資源、新機會的橋梁。

弱連結的優勢：

- 多元視角：弱連結來自不同圈子，能帶來新觀點與不同領域資源。
- 資源突破：強連結資源有限，弱連結則能打破既有限制。
- 降低競爭：弱連結人脈競爭較小，合作機會更開放。

善用弱連結，能有效拓展人脈邊界，挖掘更多潛力機會。

促進弱連結的技巧

定期維繫輕量互動

弱連結不需要頻繁交流，但也不能完全中斷。偶爾的問候、社群互動或專業資訊分享，能保持存在感。例如：「看到這則產業新聞，想到您曾提過相關議題，分享給您參考！」

提供價值，重塑互動模式

即使是弱連結，也可以主動貢獻價值。例如，當對方發表專業觀點時，給予正向回饋或提出建設性討論，能有效提升互動層次。

適時尋求建議或引薦

不要害怕向弱連結請教，反而容易獲得驚喜。例如:「您在該領域經驗豐富，能否請教一下目前的趨勢看法？」這種互動能讓對方感受到尊重與價值認同。

設計交集機會

主動創造交集，例如共同參與線上論壇、邀請對方共筆專欄，讓弱連結轉化為潛在強連結。

設計交集機會，能迅速拉近彼此距離，增加合作可能。

弱連結，也是人脈資產

在經營人脈的過程中，千萬不要忽視那些不常互動的人。他們是你通往新機會的隱藏門戶。只要用心維繫，弱連結也能成為強大的人脈資本。

情感投資的複利效應

林沛穎是一位自由職業者，平時熱衷於參與專業社群。即使工作繁忙，她仍然堅持每月一次與同行線上交流，並經常無償分享她整理的專業資源。

一開始，她並未期待任何回報，只是單純分享學習成果。但隨著時間推移，她發現越來越多人開始主動詢問她的看法，甚至有企業主動邀請她擔任專案顧問。

後來，當她籌劃自己的線上課程時，不少人自發協助宣傳，甚至成為她的首批學員。

沛穎深刻感受到，長期的情感投資雖然見效慢，但一旦開始產生效應，便會像複利一樣滾雪球成長。

默默耕耘，將有所收穫

情感投資不是速成術，而是一場需要耐心的長期經營。它像複利一樣，初期效果緩慢，後期回報驚人。

情感投資的時間效益：

- 滾動累積：多次正面互動，累積信任厚度。

- 潛移默化：無形中改變對方對你的認知與評價。
- 關鍵時刻爆發力：當對方需要支持時，首選往往是平時默默投資關係的人。

情感投資是一種「慢熱型」策略，但成果值得等待。

情感投資策略

積極主動，不計較短期回報

即使短期內未見成效，也持續投入。例如，對方發布新專案時，主動分享祝賀與支持，累積正向互動紀錄。

多元互動，豐富互動層次

不僅限於專業層面，也可分享生活點滴、興趣話題。例如：「您上次提到喜歡登山，我最近也去爬了大霸尖山，感受非常棒！」

多元互動能拉近情感距離，豐富關係厚度。

長期陪伴，成為「習慣性存在」

透過定期互動，成為對方生活或工作中的「常駐存在」。當對方面臨挑戰或尋求幫助時，自然會想到你。

這種習慣性的陪伴，是情感投資複利效應的關鍵。

製造情感觸動時刻

尋找或創造情感觸動的機會，例如在對方重大時刻（升遷、轉職、家庭喜事）送上祝賀或小禮物，這樣的小舉動能大幅提升情感溫度。

情感投資，讓關係複利增值

情感投資如同種下一棵樹，前期看似緩慢無聲，但當根系穩固、枝葉茂盛時，回報將源源不絕。投入越早，回報越厚實。當你懂得善用情感投資的複利效應，你的人際資產將如滾雪球般持續壯大。

信任危機時的修復術

高子翔是一家新創科技公司的負責人。一次專案合作中，供應商林小姐因為零件供應出現問題延後交貨，但未及時通知子翔，導致專案時程受到影響。

子翔感到極度不滿，在內部會議中指責林小姐不負責任。沒想到，這段發言被轉述給了林小姐，雙方關係急轉直下，林小姐甚至開始考慮中止合作。

冷靜過後，子翔意識到問題嚴重性，立即親自打電話給林小姐，沒有急著解釋，而是先真誠致歉：「我應該先向您確認情況，再做判斷。」隨後，他提出改善溝通流程的建議，並安排雙方面對面溝通，解開誤會。

林小姐見子翔誠意十足，態度也有所緩和。最終，他們化解了衝突，繼續了後續合作流程。

信任危機若能即時妥善處理，不僅可修復關係，甚至能讓雙方合作更加穩固。

當信任出現裂痕

即使平時互動良好，信任危機仍可能因以下情況而發生：

- 溝通落差：資訊不對稱或訊息誤傳，容易產生誤解。
- 期待落空：承諾未能兌現，對方期望破滅。
- 第三方影響：外部流言或環境變數導致彼此產生懷疑。

了解信任危機的成因，是有效修復的第一步。

修復彼此關係

主動認錯，降低防禦心態

即使問題不全在己方，也應主動承擔部分責任。例如：「這次資訊傳遞不夠即時，我們確實有改進空間。」誠意認錯能降低對方戒心，為後續溝通打好基礎。

透明溝通，還原事件真相

釐清事件脈絡，避免誤解持續擴大。例如，清楚說明導致問題的實際原因，並強調非惡意疏忽，這樣能讓對方理解背後原委，減少無謂猜測。

提供解決方案，重建信心

單靠道歉不足以挽回信任，必須提出具體改進措施。例如：「未來我們會建立雙重溝通管道，確保資訊即時同步。」行動勝於言辭，實際改進最具說服力。

轉危機為契機

信任修復不應止於平息風波，更應藉此機會強化關係。例如，邀請對方共同查出流程漏洞，或主動提供補償方案，展現長期合作誠意。這樣不僅修復信任，還能升級雙方合作默契。

處理信任危機時，不能只講理不講情。對方的情緒若未被妥善安撫，即便問題表面解決，內心仍可能存有疙瘩。

適當表達理解與關懷，才能徹底清除誤解陰影。

重建更堅固的信任

信任如瓷器，破碎後若能用心修補，裂縫雖在，卻能成為故事的一部分，甚至比原本更堅固。懂得在信任危機中主動應對、坦誠溝通，你將不只是修復關係，更是升級關係。

經營社群，打造互動型人脈圈

蔡凱翔是一名創業顧問。他創建了一個專注於中小企業經營的社群平臺，初衷只是方便交流資訊，但他很快發現，這個社群遠超預期地擴大了他的影響力。

起初，凱翔定期在社群內分享創業趨勢與實用資源，並鼓勵成員彼此互動交流。漸漸地，成員間形成自然討論氛圍，甚至開始自發性舉辦線上討論會。

不久後，有企業主在社群中發問，凱翔熱心回應並引導深入討論。這位企業主最終邀請他擔任顧問，並介紹多位朋友進入社群。

凱翔明白，社群經營不只是資訊分享平臺，更是放大個人影響力的舞臺。透過持續互動與價值輸出，他成功將社群打造成源源不絕的人脈資源庫。

經營社群的價值

- 提升能見度：積極參與社群互動，能有效擴散影響力。
- 建立專業認知：長期價值分享，塑造專業形象。

◈ 促進自然連結：成員間互動自發性高，拓展人脈。

社群是拓展人脈的「加速器」，讓影響力不斷放大。

活躍社群的祕訣

提供有價值的內容

定期輸出實用資訊，成為社群中的知識來源。例如，分享最新行業趨勢、實戰經驗或案例分析，提升社群黏著度。

鼓勵成員互動

善用發問、討論主題或小活動，激發成員參與。例如：「本週話題：您如何看待近期市場變化？」提升互動頻率，讓社群不再只是單向資訊交流。

建立歸屬感與共同目標

塑造社群文化與使命感，例如：「我們的社群致力於協助中小企業成長，共同創造正面影響力。」共同目標能凝聚成員向心力。

結合線上線下活動

除了線上互動，適時舉辦線下聚會或實體活動，能深化成員間情感連結，強化社群黏著度。

若社群只靠管理者單方面輸出資訊，成員容易失去參與感。務必設計互動環節，讓成員感受到自身貢獻與參與價值。

社群經營，讓人脈自然生長

社群不是單純的資訊平臺，而是彼此價值交換與情感連結的場所。當你成功經營互動型社群，將不僅擁有穩固的人脈基礎，更能讓影響力自然擴散，形成自我壯大的資源網。

一次引薦，讓關係自我擴散

梁維凱是一位法律顧問，專精於企業併購。他長年服務固定客戶群，但始終希望擴展更多業界人脈。

有一次，他成功協助一位企業主完成複雜的跨國收購案。案件結束後，他沒有就此告一段落，而是順勢提出:「如果您身邊有朋友面臨類似挑戰，也歡迎引薦給我，我樂意提供協助。」

不久，這位企業主果然引薦了一位同行，並讚譽維凱的專業與效率。這位新客戶合作過後，感受良好，再次主動引薦多位業界朋友。

維凱深刻體會到，優質服務結合適當引導，可以啟動「引薦效應」，讓人脈循環自然而然擴散開來。當引薦效應充分發揮，影響力不止倍增，而是持續滾動累積。

引薦效應的本質

引薦效應，指的是當對方因滿意你的合作體驗，主動推薦你給他的資源，進而形成自然擴散的人脈。

引薦效應的好處：

- 信任背書快速複製：透過他人推薦，瞬間提升信任門檻。
- 溝通成本顯著降低：引薦者替你完成初步信任建構。
- 擴散效益強：一個引薦常常帶動多重潛在合作機會。

善用引薦效應，可以讓人脈自我延展，形成良性循環。

啟動引薦效應的條件

創造超預期的合作體驗

與其僅完成對方需求，不如思考如何超越預期。例如，在完成專案後額外提供建議或資源，讓對方心生「值得推薦」的好印象。

自然提出引薦邀請

語氣自然，避免生硬推銷。合作順利收尾時，適時提出輕鬆的引薦邀請：「若您身邊有朋友需要類似協助，也非常歡迎引薦給我，讓我有機會協助他們。」

提供引薦素材，降低門檻

許多人願意引薦，卻苦於不知如何表達。提前準備清楚的介紹，或提供成功案例，協助對方更輕鬆地傳遞資訊。

例如：「如果方便，您可以這樣介紹：『維凱律師專精於跨國併購流程，效率高且經驗豐富。』」

推動引薦人激勵機制

獲得引薦後，記得回饋推薦人。例如，私下表達感謝或提供小驚喜，讓對方感受到被重視，自然願意持續引薦。

視情況設計適度的引薦獎勵，如：會員積點、專屬回饋，或邀請推薦者參與獨家活動，刺激引薦動機。

不需過度功利化，適度設計即可有效推動。

讓人脈自我擴展，形成影響力

當你成功啟動引薦效應，人脈資源將不再局限於眼前的圈子，而是經由彼此推薦，持續擴大影響範圍。引薦所帶來的雪球效應，將使你的關係網自我繁衍，成為永續發展的影響力。

長期影響力的心理定位

吳品諭是一位職涯發展顧問，早期曾為某企業高層提供職場規劃。當時，她僅提供過一次服務，卻讓對方印象深刻。

原因無他，因為品諭在過程中，不只是給出標準答案，而是細膩剖析對方的價值觀、職涯困境與未來定位。甚至在結束後，她主動寄出延伸學習資源，並追蹤對方的後續發展。

幾年後，這位高層轉職至新公司，面臨組織重整需求。第一個想到的，正是吳品諭。對方表示：「當年您讓我印象深刻，您不只是顧問，而是能理解我職涯全貌的戰略夥伴。」

品諭深知，影響力的建立，並非單次服務的短暫印象，而是透過深度理解與長期關注，於對方心中完成心理定位。

什麼是心理定位？

心理定位，是指你在他人心中的角色與價值印象。與品牌定位類似，清楚的心理定位能讓人在需要時，第一時間想起你。

心理定位的重要意義：

- 提升優先順序：當對方面臨選擇時，你是首選對象。
- 強化影響力：不需頻繁互動，也能持續發揮作用。
- 累積長期信任資產：成為對方心中不可或缺的資源。

正確的心理定位，是人際影響力長期發揮的關鍵。

逐步建立心理定位

確立角色定位

明確向對方傳遞你的專業角色。例如：「我專注於協助企業高層進行策略思考與職涯發展。」清楚的定位有助於讓對方快速記憶並對應需求。

積極塑造專業形象

不定期分享專業觀點，或在公開場合發表意見，建立專業權威感。例如，經營專欄、參與論壇發表見解，讓對方感受到你的專業深度。

關鍵時刻提供價值

在對方處於重要轉折點時，主動提供建設性意見或資源，能強化「有難找你」的印象。例如：「得知您正籌劃部門轉型，這裡有份相關策略白皮書，供您參考。」

維持適度可見度

即使不常互動，也要保持一定曝光率。透過社群更新、文章發表或業界消息分享，讓對方對你的專業形象保持記憶。

情感化心理標籤

專注核心領域，打造清楚且穩固的心理定位是首要。而在專業之外，更須融入溫暖人性的標籤。例如：「不只是策略顧問，也是成長路上的陪跑者。」這種複合式定位，能拉近彼此心理距離。

讓影響力成為對方的慣性選擇

當你在對方心中建立穩固的心理定位，即使短期內不頻繁互動，對方仍會在需要時自然聯想到你。這種潛移默化的影響力，是人際資本中最強韌的資產。

跨界連結，整合不同領域資源

何紹寧是一位專注於農業科技的創業家，過去他的客戶群大多是傳統農場經營者。然而，他發現隨著都市農業興起，市場對「科技化綠生活」的關注越來越高。

一次偶然的機會，紹寧參加一場設計師舉辦的城市綠化論壇，會後他靈感湧現：如果能結合設計美學，將農業科技產品融入都市生活，或許能打開新市場。

回去後，他主動聯絡該論壇的策展人，提出合作構想：「我們能否結合農業科技，設計出既美觀又實用的家庭綠植設備？」

策展人深感興趣，紹寧進一步整合設計師、園藝顧問與科技團隊，聯合開發「智能綠化牆」，成為城市家庭與商業空間的熱門選擇。

這場跨界合作不僅開拓新客群，也讓紹寧的企業成功擺脫傳統農業市場侷限，躍升為「都市綠生活倡導者」。

跨界整合的核心價值

當單一領域的人脈逐漸飽和，跨界整合能為你打開全新局面。

- 創造新機會：異業結合，產生意想不到的新商機。
- 強化市場差異化：將不同領域優勢融合，創造獨特競爭力。
- 擴大人脈：打破限制，拓展多元人脈資源。

跨界連結，是突破人脈瓶頸、實現交友圈擴張的重要策略。

跨界連結切入點

主動參與異業活動，拓展視野

積極參加與本業不同領域的論壇、展覽或社群活動。例如，科技業者可參與設計界活動，尋找跨界合作靈感。

建立異業觀察清單

整理不同產業趨勢與潛在合作對象，定期關注對方動態，發掘交集可能。例如，健康產業與科技產業的結合，可催生「智慧醫療」新方案。

設計對話交流

與異業夥伴溝通時，避免只談自己專業。應先了解對方關注點，再設計雙方交集話題，例如：「您的品牌強調生活美學，我們的科技能讓產品更具互動體驗。」

促成跨界小型試點計畫

先從小規模合作起步，驗證雙方契合度。成功後，再擴大合作範圍。例如，先聯合辦一場小型展覽，再推廣至全國市場。

跨界合作應建立在互補需求之上，若僅為創新而跨界，可能流於噱頭，反而影響專業形象。務必評估雙方價值匹配度。

當你勇於跨界連結，便能突破原有人脈限制，激盪出更多創新機會。

第七章
自我強化，
打造穩固合作基礎

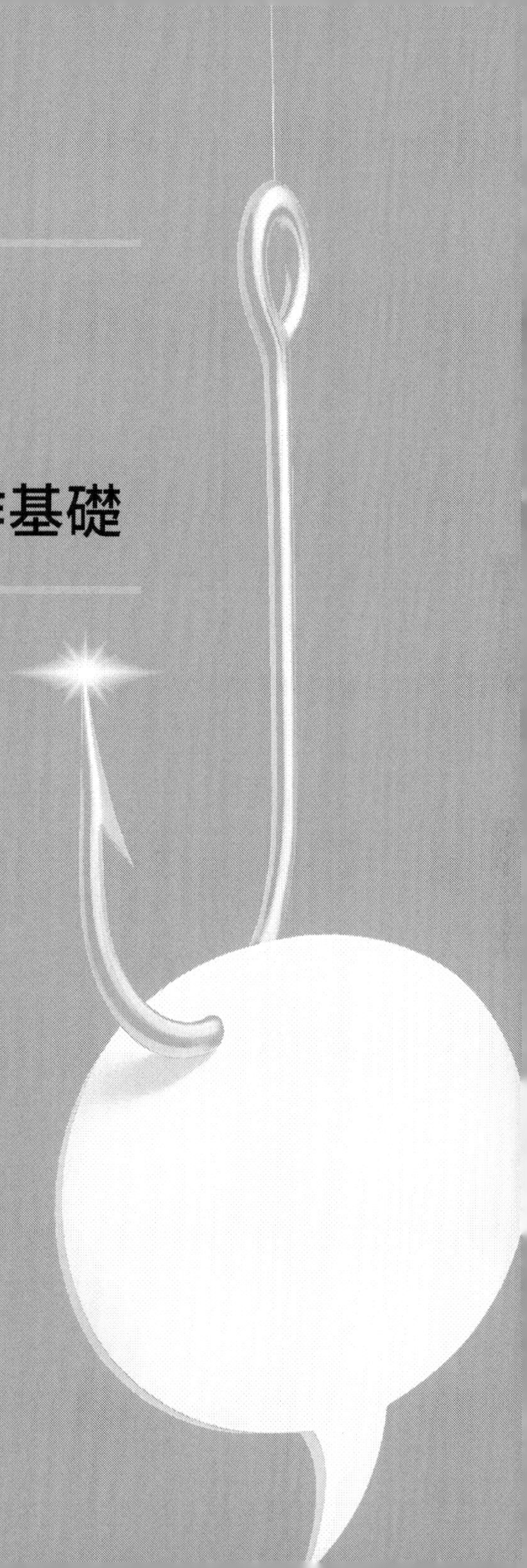

日常對話中的合作萌芽

張巧瑜是一位新創企業的品牌顧問，平時經常參與業界交流活動。一次朋友聚會中，巧瑜無意間聽到一位朋友提起：「最近在開發新的家居用品，但品牌定位還沒定案，市場反應有點冷淡。」

當時巧瑜並沒有馬上提出合作，而是細心詢問對方目前面臨的困難，包括目標客群、推廣方式與產品特色。對方分享完後輕嘆：「我們也試著請廣告公司幫忙，但似乎總少了點味道。」

巧瑜當下並未急於推銷自己，而是回去後做了一些市場研究，並在隔天傳訊息給對方：「我針對您的產品做了些小研究，這裡有幾個品牌切入點，也許能參考看看。」

對方感受到巧瑜的專業與用心，主動提出進一步合作計畫。最終，這樁合作不僅成功促成，還帶來對方推薦的其他廠商專案，拓展了巧瑜的新客戶管道。

她深刻領悟到：潛在合作契機，往往就藏在人脈日常互動中，只要多一分敏感度，機會便會悄然浮現。

抓住潛藏機會

機會從不會主動敲門，懂得敏銳觀察，才能洞察潛在合作。

常見的機會信號：

- 抱怨聲音：對方談及目前遇到的問題或困難，正是需求浮現的訊號。
- 轉型期徵兆：公司正準備新市場拓展或產品升級，意味著需要外部資源。
- 資源空缺：對方提到缺乏某類專業支援，即為切入良機。

懂得從細微對話中識別這些信號，便能領先一步發現合作契機。

培養識別機會的敏感度

精準聆聽，洞察需求語言

多數人際對話看似閒聊，其實暗藏機會。例如，對方隨口一句「最近行銷預算吃緊」，透露的可能是尋求高效推廣方案的需求。

養成對潛臺詞的敏感度，從語言中讀出需求脈絡。

主動提問，挖掘深層訊息

當發現初步線索時，可適度追問，例如：「您預計在哪個市場推廣？目前遇到最大的挑戰是什麼？」

這樣不僅能加深理解，也能展現關心與專業，為後續合作鋪路。

多維觀察，捕捉變化信號

除了言語，行為變化也蘊含機會。例如，對方頻繁參加某類活動，可能意味著業務方向調整；社群動態分享內容變化，亦透露轉型訊息。

綜合判斷，多方觀察，能提高機會識別準確率。

建構機會筆記

日常互動中，建立「機會筆記」，記錄對方提過的需求、挑戰或計畫。

這樣能有效整理人脈資源，便於適時出擊。

對方姓名	近期挑戰	潛在需求	行動備忘
李經理	進軍電商市場遇瓶頸	尋找數位行銷顧問	下週分享成功案例
陳董事	擴張海外通路	尋求物流合作夥伴	介紹供應鏈專家

機會識別不能過於急躁

機會識別需要耐心，過於急躁會讓對方感受到「被推銷」的壓力。宜保持適度節奏，先建立信任，再逐步引導合作討論。

敏銳觀察，讓機會自然浮現

真正的高手，不是坐等機會，而是懂得在人脈日常互動中捕捉機會訊號。當你培養出高度敏感度，機會將無所遁形，並且在不經意間為你敞開大門。

需求對接，精準匹配雙方資源

鄭家榮是一位企業數位轉型顧問，最近受邀參加一場業界圓桌會議。會中，他留意到一位生技公司執行長在分享時提及：「我們產品品質優異，但數位行銷始終做不出成績，實體展覽效果也有限。」

家榮聽到這裡，並未立刻插話推薦自己，而是耐心聆聽，等會議結束後，他私下向這位執行長請教更多細節，包括對方目前的行銷方式、預算配置以及預期效果。

掌握足夠資訊後，家榮回去仔細評估，發現自己正好認識一位專攻生技產業的數位行銷顧問。於是，他主動安排雙方碰面，並事前針對雙方需求準備了詳細對接簡報。

這次對接極為成功，不僅替生技公司找到最佳行銷夥伴，也讓家榮本身獲得「資源整合者」的高度評價。更重要的是，雙方對他的專業信任度大幅提升，後續更有意延伸合作新案子。

家榮體會到：成功的人脈經營不只是認識人，更重要的是能夠精準對接雙方需求，創造實質合作價值。

需求對接的核心價值

人脈資源若無法有效對接需求，就如同珍寶塵封箱底，無法產生實際價值。

精準需求對接的優勢：

- 提升人脈活性：讓沉睡的人脈資源被激發，創造合作可能。
- 強化信任基礎：成功對接一次，對方會高度認可你的價值。
- 擴大影響範圍：成功對接經驗常帶來更多引薦與後續機會。

對接得當，將人脈資源轉化為具體成果的效果遠超想像。

精準對接所需的準備

深度理解雙方需求輪廓

在做資源匹配前，務必要釐清雙方的實際需求。例如，對方是否著重品牌曝光還是銷售轉換？預算範圍是高階策略規劃還是實務執行層面？

理解得越深入，匹配越準確。

預備選項，靈活配對

一對一配對雖然直接，但不一定最理想。最好預備多種方案，提供對方選擇空間。

例如：「我這邊有兩位適合的合作夥伴，一位擅長品牌策略，一位專注數位廣告操作，您看哪一位更符合您的需求？」

這樣既展現專業，又避免單線式推薦的侷限。

設計對接流程，提升成功率

事前充分準備，設計流暢的對接流程。例如，先簡單介紹彼此的背景，再安排線上會議討論需求細節，最後規劃試合作模式。

良好的對接流程，能讓雙方溝通更加順暢，自然促成合作。

強化價值背書，增加對接信任感

除了撮合雙方，還可適度為對方背書。例如：「這位夥伴在生技行銷領域有多年經驗，曾成功協助數家品牌拓展市場。」

良好的價值背書，能有效降低對方疑慮，提高合作意願。

持續追蹤後續進展

成功對接後，持續追蹤進展不僅體現專業，還能第一時間協助解決初期磨合問題。例如，對方若遇到合作溝通不順，你可適時介入協調。

這不僅鞏固你的專業地位，也為後續合作鋪路。

讓合作機會開花結果

優秀的人脈經營者，不是僅僅扮演「人脈收集者」，而是懂得化身「資源整合者」，主動對接雙方需求，創造多贏局面。當你能夠熟練掌握需求對接技巧，人脈資源就會變成持續開花結果的合作園地。

選對時機，合作事半功倍

楊子翔經營一家市場研究公司，專門協助企業洞察消費者趨勢。某次，他關注到一家快速成長的健康食品品牌正頻繁舉辦促銷活動，顯然正在衝刺市場占有率。

子翔並沒有急著聯絡這家公司，而是耐心觀察他們的推廣步伐。兩個月後，他發現對方在社群媒體上開始調整策略，從價格戰轉向品牌價值塑造，並大力宣傳天然成分與製程透明。

子翔判斷，這正是切入的最佳時機，因為品牌轉型需要深入的消費者洞察作支撐。他隨即準備一份針對健康食品市場的洞察報告，並主動發送給品牌負責人：「我們近期追蹤您的市場動態，針對消費者行為有些新發現，分享給您參考。」

負責人很快回覆，並表示：「這正是我們目前最需要的資訊。」幾日內雙方便安排會議，最終敲定合作方案。

子翔深刻體會到：即使提案內容再好，若時機不對，對方可能無感；相反，選對時機，便能事半功倍。

在關鍵節點出擊

好的時機猶如順風船帆，能讓合作推進得更加順暢。

判斷時機的關鍵：

- 變革初期：對方正準備轉型或擴張，最需要外部資源。
- 挑戰升溫時：面臨市場壓力或競爭加劇，對合作意願提高。
- 機會窗口出現時：例如法規變動、產業利好，適合提出切合需求的合作建議。

把握這些關鍵節點，能有效提升合作成功率。

抓準合作時機

持續追蹤對方動態

關注對方新聞發布、社群動態、業界活動，掌握最新變化。例如，對方若開始徵才擴編，可能意味著業務擴張計畫啟動。

理解行業節奏，預測時機窗口

不同產業有不同的合作高峰期。例如，零售業往往在大型促銷季前尋找行銷合作；科技業則多在新品發表季前集中資源投入。

提早預測，搶占有利時機。

建立快速響應機制

發現機會時，能快速制定方案並提出，勝過慢一步的競爭者。例如，預先準備好通用提案模板，靈活套用，加快反應速度。

時機準確，合作水到渠成

合作成功與否，往往取決於時機是否得當。當你能養成對時機高度敏感的習慣，便能在適當時刻精準出擊，讓合作變得自然流暢，事半功倍。

整合多方資源，共創市場新局

王采蓉是一位活動策劃人，接手了一場大型綠色能源展覽的統籌工作。面對活動預算有限、參展商要求多樣化，她決定打破以往單一合作模式，採用多方協作策略。

首先，她聯絡設計公司討論展區創意構思，並同步聯絡幾家環保材料供應商，邀請他們贊助部分展覽布置。

接著，她尋找專業公關團隊負責媒體曝光，同時整合社群意見領袖進行活動前暖場宣傳。

為了讓所有合作方感受到參與價值，采蓉設計了一份清楚的合作框架，列明各方權責與曝光機會，並且定期召開協作會議，確保彼此目標一致。

最終，這場展覽不僅超出參展商預期，還吸引大量媒體報導與公眾關注，活動成果倍增。

采蓉深刻體會到，多方協作不僅能提升活動效能，還能創造共贏局面，讓人脈資源發揮最大效益。

多方協作的核心優勢

單一合作模式已難應對複雜多變的市場需求，多方協作才能創造更大的效益。

協作主要優勢：

- 資源互補：各方專長互補，形成強大合力。
- 風險分散：多方參與，降低單一合作風險。
- 影響力擴散：協作成果能迅速放大影響範圍。

精心設計的多方協作，是人脈發揮最大價值的關鍵。

協作前的準備作業

精準定位各方角色

協作前，先明確界定各方角色與責任。例如，誰負責技術支持？誰負責媒體宣傳？角色明確，有助於高效協作。

建立共享目標，凝聚共識

擁有共識，才能避免方向分歧。不論合作方再多，必須確保共享的核心目標明確一致。例如：「共同推廣綠色能源概念，提升社會影響力。」

設計合作透明機制

開放式溝通能有效維持合作默契。定期召開協作會議，透明溝通進度與挑戰，避免資訊不對稱導致誤解或推諉。

善用中介者角色，促進協調

協作時容易出現立場不同的夥伴，務必建立明確的溝通機制，確保合作穩定推進。中介協調者的角色，能適時調和矛盾，保持合作氛圍。

多方協作，讓人脈資本強效運轉

在瞬息萬變的市場環境中，懂得整合多方資源，打造靈活高效的協作模式，才能真正發揮人脈資本的極致效能，鞏固人脈關係，實現多方共贏。

共享成果，穩固合作基礎

周宥辰是一名企業管理顧問，某次他協助一家製造業公司改善內部流程，成功將生產效率提升了近 30%。專案完成後，宥辰並未僅止於此。

他主動與企業負責人提出建議：「這次的成效若能整理成報告，不僅可以內部交流，也能對外分享，提升企業形象。」

負責人認同，雙方共同編制了成效白皮書，不只內部團隊受益，也成功吸引業界關注。後續更有多家企業參考這份白皮書，主動聯絡宥辰尋求協助。

宥辰深刻體會到，專案成果若僅停留在合作雙方，影響力有限；若能對內強化共識、對外擴散成果，則能達到人脈價值的最大化。

為什麼成果需要共享？

成果共享，不僅是專案的收尾，更是關係深化的起點。

共享價值所在：

- 強化合作夥伴間黏著度：成果被共同擁有，彼此成就感更強。
- 擴散影響力：將成果擴散至更大範圍，吸引更多合作機會。
- 建立專業權威感：展現解決問題的能力，增強外界對你的專業認知。

成果共享的實戰法則

明確記錄合作成效

不論是效率提升、成本降低或業務擴張，務必具體量化成效。例如：「生產效率提升30%，年成本節省200萬元。」等有力數據，便於共享傳播。

合作成果製作成展示素材

將專案成果整理成簡報、案例文章或白皮書，方便內部複盤與外部宣傳。例如，設計一頁式簡報，快速呈現成果重點。

雙方共同發布，擴大影響範圍

若合作夥伴也樂於共享成果，可雙方共同對外發布。例如，聯合發布新聞稿或聯署專案成功故事，讓成果曝光度倍增。

適時轉化為行銷資源

專案成果不僅是階段性回顧，更是品牌宣傳素材。例如：「我們成功協助 XX 公司實現數位轉型，歡迎更多企業了解成功經驗。」

這樣的轉化有助於吸引新客戶，創造更多合作機會。

邀請合作夥伴見證

邀請合作方擔任見證者，共同參與成果分享會或專案回顧，既能展現雙方良好合作關係，也能強化信任感與專業形象，更讓合作方感受到被尊重與認可。

共享成果，拓展更大合作空間

當你懂得將合作成果妥善整理並共享，不僅能加深既有合作關係，更能吸引潛在夥伴注意，形成良性循環。

專案結束，關係卻剛剛開始

林筱雯是一位資深品牌設計師，近期替一家新創公司完成品牌重塑計畫，從企業識別到包裝設計，一應俱全。

專案圓滿結束後，多數設計師可能就此告一段落，但筱雯有不同的思考模式。她深知，合作完成只是階段性成果，真正優秀的人脈經營者，懂得讓關係持續發酵。

於是，筱雯在專案完成後一週，主動寄送一份簡短的「合作回顧報告」，不僅彙整專案成果，還加碼提出延伸建議：「您的品牌即將進入市場推廣階段，這裡有些包裝應用與社群視覺建議，供您參考。」

接著，她又於專案結束一個月後，轉發一篇關於新創品牌成長策略的文章給對方，並簡單留言：「這篇文章中提到的內容，或許對您的接下來階段有幫助。」

對方收到後十分感動，回覆道：「筱雯，您的用心讓我們很安心，未來我們打算擴展海外市場時，還想繼續請您協助！」

筱雯成功證明，合作結束不等於關係終點，適時的後續關懷，能讓短期合作關係轉化為長期夥伴。

人脈再經營

合作結束後，若能妥善經營後續關係，能帶來三大好處：

- 強化信任基礎：持續互動，累積更多默契。
- 增加回購與續約機會：後續關懷讓合作延續，變成長期合作夥伴。
- 擴展人脈引薦效應：好的後續互動，往往帶來更多引薦機會。

成功的合作不是終點，而是建立長期互信的開端。

成功的後續

合作結束後，立即跟進

專案完成一週內，主動送出合作回顧報告，包含成果摘要與下一步建議。這樣不僅顯示專業，也體現對合作方的重視。

定期分享有價值的資訊

合作後仍持續輸出專業價值。例如，分享行業動態、案例文章或市場趨勢，讓對方感受到你持續的關注與支持。

重要節點主動關心

當你發現合作方有重要事件時，主動傳訊息表達祝賀或關心。例如：「恭喜您公司剛獲得新一輪融資，期待未來有更多合作機會！」

這樣的小互動，能強化情感連結。

視合作類型，設計後續交流節奏。例如，每季一次成果追蹤、半年一次策略回顧，讓合作關係有規律地延伸發展。

定期舉行專屬活動

舉辦專屬客戶沙龍或分享會，邀請過去合作夥伴參加。這不僅是交流機會，也能強化彼此關係，並促進新合作可能。

讓成功成為新合作的起點

優秀的人脈經營者，懂得把一次合作延伸為長期關係。當你能在專案完成後持續輸出價值，並保持良好互動，合作方將自然視你為值得信賴的長期夥伴。

讓成功自動繁衍更多成功

羅柏是一位專注於加速製造業流程的顧問。他受邀協助一家食品工廠，改良產線，成功讓產品良率提升至98%。專案完成後，羅柏做了一件特別的事：他請對方允許他把這次流程簡化成一份「內部案例報告」，專門給這家企業集團內部其他工廠參考使用。

結果，這份報告在集團內部流傳開來，其他工廠主管讀後紛紛找上羅柏，詢問是否能針對各自廠房進行改善。

更巧的是，在與其中一間工廠合作期間，羅柏的專業做法被一位設備供應商主管注意到。對方主動找上他，表示：「我們許多合作工廠也有類似困擾，能否請你協助診斷？」

短短數月內，羅柏因為一次成功合作，衍生出三次額外合作機會，形成「成果延伸效應」。他深刻體會到，善用成功經驗，不僅能鞏固原有合作，還能促進人脈中的多重循環。

成果延伸效應的本質

不僅僅是做完專案就好，更要懂得讓一次成功經驗轉化成多次合作機會。

核心價值：

- 鞏固原有夥伴：同一組織或產業內部擴散合作機會。
- 激發旁觀者需求：原合作方周邊觀察者產生合作意願。
- 促成跨鏈合作：間接相關產業主動找上門。

這是一種無需社群、單靠專業與影響力自然擴散的高效合作模式。

將成果盡可能延伸

精緻化成果文件，利於內部傳播

合作成果不應只存在對話或簡報裡，應整理成便於轉傳的簡化報告。例如，將關鍵成果整理成一頁式重點摘要，方便合作方內部參考與流傳。

主動提出內部分享建議

在專案收尾階段，主動建議對方安排內部簡報會議，由你親自講解成果與應用建議。這不僅能強化專業印象，也有助於觸及更多決策層級人脈。

善用合作方聯動

觀察合作方的上下游夥伴或母集團關係，主動詢問是否能引薦至其他部門或關聯單位。

例如：「我們的方案是否也適用於貴公司其他工廠？我可以提供初步診斷建議。」

設計階段性成果追蹤

專案完成後，主動回訪合作方了解後續效益，並整理成「成效追蹤簡報」。這樣不僅能再次強化合作效果，還能激發新需求。

善用第三方觀察者效應

參與專案時，留意旁觀者角色，如設備商、協力廠商等。他們雖非當事人，卻往往擁有龐大潛在需求。適時主動釋出合作意向，爭取更多機會。

讓成功合作成為倍增引擎

當你學會把一次合作成果轉化為多重合作機會，就能逐步建立「成功循環」。不依賴社群或額外推廣，單靠專業實力與策略運用，也能讓人脈資源自然繁衍擴散。

這樣的成果延伸效應，正是專業人士從單點成功邁向持續成功的關鍵途徑。

第八章

強化自我價值，成為不可或缺者

被記住，才有機會被選擇

林承謙是一位資深供應鏈顧問，曾經，他的專業範疇非常廣泛，從物流到庫存管理無所不包。但這樣的「全能專家」形象，反而讓潛在客戶無法明確辨識他的核心優勢。

某次商務場合，一位企業主問他：「你主要是做什麼的呢？」承謙略帶自豪地回答：「供應鏈管理，什麼範疇都能做！」然而對方笑著點點頭，卻沒有再深入詢問。

這次經歷讓他警覺：「我的專業輪廓不夠鮮明，容易被歸類為大眾顧問。」於是，承謙開始聚焦自身最具代表性的強項——「危機中的供應鏈重塑」。他不僅重整了個人簡介與簡報內容，還在每次交流中強調：「我專門處理企業在供應鏈斷裂、原料短缺時的應急方案。」

這樣的明確定位，不僅讓他在市場上與眾不同，也讓他很快成為「危機供應鏈顧問」的代名詞。許多企業一遇到供應鏈瓶頸，第一時間就會想到他，主動聯絡尋求解方。

承謙深刻體悟到：專業範圍愈廣泛，越需要找到清楚的專業定位，才能在眾多競爭者中脫穎而出。

為什麼需要專業定位？

在競爭激烈的職場與市場中，「模糊的輪廓」等於消失的機會。唯有清楚的定位，才能在對方腦海中留下深刻記憶點。專業定位不只是行銷技巧，更是影響力養成的基礎工程。

- 快速被識別：當對方思考相關需求時，第一時間就能聯想到你。
- 提升專業信任度：清楚定位展現專業態度，減少選擇疑慮。
- 強化差異化競爭力：與同領域專家區隔開來，避免被歸為泛泛之輩。

塑造鮮明專業定位

找出最能代表自己的核心專長

先盤點自身經驗與能力，找出最具代表性的專業優勢。例如，你可能擁有多種技能，但最能產生差異化的，或許是你在「特殊情境」中的專業處理能力。

自問：「當他人遇到某類挑戰時，會第一個想到我嗎？」

精簡描述，創造專業標籤

避免冗長描述，設計簡潔有力的自我介紹。例如：「我專注於製造業供應鏈斷裂應對策略。」如此一來，對方能在短時間內理解你的專業焦點。

強化案例故事，輔助記憶點建立

在交流中，穿插真實且有代表性的成功案例，能加深對方印象。例如：「最近協助某食品企業在原料中斷期間，三週內重建供應鏈。」

案例具有說服力，能讓定位更加立體。

積極參與對應領域交流

專業定位不只是口號，還需持續強化。積極參與相關產業論壇、專業聚會，讓市場持續看到你的身影，鞏固定位。

市場環境變化快速，定期確認自己的專業定位是否仍符合趨勢。例如，從「供應鏈顧問」進化為「永續供應鏈策略顧問」，結合時下熱門議題。

打開機會之門

當你擁有清楚且具吸引力的專業定位時，不僅能加深他人對你的印象，更能在競爭激烈的人脈場域中，成為被優先選擇的對象。記住，人脈經營的核心，不是你認識多少人，而是有多少人「記得你」，並在需要時第一時間想到你。

從專業見解，贏得長期信任

高嘉言是一位財務風險管理顧問，長年協助企業強化財務結構。早期的他專注於完成客戶委託的專案，很少主動提出額外建議。直到有一次，他參與一間成衣企業的資金重整專案，完成後，發現對方的應收帳款周轉率偏低。

雖然這部分不在原先合作範疇，嘉言還是主動整理了一份簡單分析，指出可能的風險點與建議做法，並遞交給企業財務長參考。

幾天後，財務長回應：「這份補充建議非常有價值，我們內部也正討論相關問題。」不僅如此，企業其他部門主管在討論會上也注意到嘉言的專業見解，開始主動徵詢他的看法。

這次經驗讓嘉言領悟到：不僅要完成眼前任務，更要持續輸出專業見解，才能在合作夥伴心中建立「問題解決者」的形象。日後，他養成習慣，每當完成專案或參與會議後，總會針對觀察到的重點，提出一兩點額外建議，無論是否屬於既定範圍。

這樣的做法，使嘉言成為企業客戶心目中的「第一合作對象」，合作不再只是一次性專案，而是持續延伸的專業合作關係。

成為解決方案的首選來源

一個專業人士的價值，並非止步於完成被交辦的任務，而在於能否不斷提出建議，主動為合作對象提供啟發與方向。如：

- 強化專業可信度：持續分享見解，讓對方深刻了解你的專業深度。
- 培養長期信任：不等待問題發生，而是事前提出觀點，成為可靠的參考來源。
- 主動創造新機會：每一次見解，都是展開進一步合作的契機。

持續輸出見解，能讓你從執行者，晉升為策略夥伴。

持續輸出專業見解

留意日常互動中的細節線索

與合作方溝通時，除了聆聽問題描述，也要敏銳觀察他們未說出口的挑戰。例如：「近期是否有應收帳款回收延遲的情況？」

這些問題一旦被提起，你的專業見解就能發揮價值。

養成定期整理觀點的習慣

每完成一項合作或參與會議後，花幾分鐘記錄自己的觀察與建議。即使對方未要求，適時分享這些觀點，往往能給對方新的啟發。

善用會議場合發表見解

在正式會議中，主動提出深入觀點，不僅展現專業，也能讓更多決策者記住你。例如：「針對目前方案進度，我建議提前評估未來可能的材料成本波動。」

結合趨勢分析提出前瞻建議

不僅針對眼前議題提出見解，也可以結合行業趨勢提出前瞻性觀點。例如：「隨著區域供應鏈調整，貴公司出口布局或許可提前重新規劃。」

這樣的深度建議，能提升你的專業高度。

提出見解時，務必基於實際觀察與數據支撐，避免空泛推測，否則容易被視為理論派，降低說服力。

持續分享洞察，成就專業首選地位

當你養成不間斷分享專業見解的習慣，便能讓自己在合作夥伴心中，成為「遇事必問」的首選對象。這不僅能強化現有合作關係，更能引導出新的合作需求，讓你的影響力持續擴展。

成為他人的資源整合者，創造多元價值

周柏翰是一位專注於物流管理的顧問，在與一家新創電商企業合作時，發現對方雖然產品品質優異，但配送效率遲遲無法提升，影響了顧客滿意度。

柏翰很快想到，自己過去合作過的一家專業倉儲服務公司，擅長為電商提供靈活配送方案。儘管雙方互不認識，他還是主動促成雙方見面：「這間倉儲服務公司可以針對你們的銷售模式，量身訂做配送流程。」

電商企業採納建議，與倉儲公司洽談合作，最終有效縮短了出貨時間，顧客好評率大幅提升。更意外的是，這場合作也讓柏翰獲得雙方的高度信賴，兩家公司日後在其他專案上也邀請他擔任顧問，形成三方穩定合作關係。

柏翰深刻體會到：當你能成為協助他人找到所需資源的「橋梁」，你便自然成為人脈圈中的關鍵角色，不只是專業顧問，而是多方需求的連結者。

牽起多方的那雙手

資源整合者不僅僅是居中牽線，更是推動多方共贏的推手。

核心價值：

- 提升自身能見度：每一次成功牽線，都是對自身能力的肯定。
- 擴大合作範圍：當不同對象的需求交會時，你成為不可或缺的核心人物。
- 強化人脈黏著度：成為資源提供者，自然能吸引更多人主動靠近。

懂得為他人牽線，就是為自己鋪設更多合作可能。

你也能成為資源整合者

經常主動關注身邊人的需求

在日常互動中，細心聆聽對方提及的困難或挑戰。例如：「我們正在尋找更具彈性的配送方案。」這就是你提供協助的機會。

養成資源歸檔習慣

雖然不使用禁用詞，但我們可以建議：將過往合作夥伴、供應商、專家顧問等資訊記錄下來，形成屬於自己的參考資料庫。一旦有人有需要，便能快速提出合適人選。

牽線前，先做好雙方需求了解

在促成對話前，務必確認雙方需求相契合。避免盲目介紹，導致彼此失望。你可以先簡單詢問雙方：「您的期望合作方式是什麼？」、「對方目前有何困難需要支援？」

設計簡單明瞭的介紹方式

清楚的介紹能有效縮短彼此磨合時間。當你介紹雙方時，記得簡潔清楚地說明各自優勢。例如：「A 公司擅長設計高效率物流流程，B 公司目前正需要這方面的專業協助，我認為雙方可以交流看看。」

累積成功案例，形成正向循環

每促成一次成功合作，便是一次價值體現。你可以適時回顧這些經驗，強化自己作為資源整合者的形象。例如，在聚會中自然提到：「上次我幫忙促成兩家公司，最終合作得很順利。」

成為多方需求的交會點

當你能持續協助身邊的人找到他們需要的資源，自然能成為人脈圈中的交會點。這不僅能強化你在圈內的影響力，也能帶來更多主動靠近的合作機會。

走在趨勢前端，掌握合作先機

蔡昱辰是一位服裝產業顧問，長期輔導成衣工廠進行流程改善與成本控制。近年，他留意到全球消費者對環保與永續概念的重視逐漸升溫，而本地許多企業對此尚未有所準備。

在一次與客戶會議中，昱辰主動提出：「歐美市場對永續布料的需求正在快速成長，如果能提前調整供應來源，未來接單會更有優勢。」

初聽這建議，客戶仍抱持懷疑態度。不過，昱辰並未因此停步，他持續蒐集數據，追蹤國際大廠的相關採購趨勢，並適時向客戶更新最新資訊。

幾個月後，果然有歐洲客戶提出環保材質要求。由於昱辰早已幫助客戶尋找替代布料供應商，工廠順利搶下訂單，成功打進歐洲市場。

昱辰明白，預見力並非天賦，而是來自平時對環境變化的敏銳觀察與主動探索。懂得提前洞察趨勢，便能在變局來臨前為合作夥伴鋪好道路，也為自己創造新的合作機會。

培養預見力，洞悉變局

市場瞬息萬變，誰能提前看見變化，誰就能引領合作方向，掌握更多選擇權。

預見力，是專業之外最具戰略性的資產，它的優勢在於：

- 搶占市場先機：當別人還在觀望時，你已經提前布局。
- 強化專業高度：能看見趨勢的人，往往被視為值得信賴的參考對象。
- 深化合作夥伴依賴感：你的預見力能為合作方帶來安全感，願意長期合作。

搶得先機要訣

建立定期關注行業動態的習慣

養成閱讀產業報導、觀察市場變化的日常習慣。不要僅限於專業領域，也要留意相關上下游產業動態。例如：從消費趨勢洞察供應鏈調整方向。

主動參與跨領域交流

不同領域的交流，常常能提前察覺變化風向。跨領域的交流能帶來意想不到的洞察。例如：食品產業顧問參與環保論壇，捕捉「綠色生產」新趨勢。

敏銳觀察合作夥伴的隱性需求

與合作方溝通時，留心他們近期關注的話題與焦慮。例如：「近期是否有海外客戶詢問環保規格？」

這些小線索能引導你提早準備應對方案。

觀察國際市場動向，提前做功課

國際大廠的動向往往預示產業未來走向。例如：歐美品牌大幅採用再生材質，意味著供應鏈需提前配合調整。

培養長期觀察能力

不要只追求即時訊息，更要累積長期觀察經驗，理解變化的脈絡。例如：追蹤數季的市場走勢，掌握需求漸變的趨勢。

預見力重在提前布局，而非貿然決策。提出建議時，應清楚說明依據，避免替合作方帶來不必要的焦慮。

提前洞察，讓合作關係更有前瞻性

當你能養成預見力，不僅能為合作夥伴減少風險，也能讓自己成為不可或缺的決策參考。這樣的能力，將使你在人脈圈中持續發光，成為引領方向的重要角色。

持續學習，讓自己保持領先一步

張以恩是一位市場調查專家，曾經，她對自己的專業領域有著十足自信。早期，她專注於傳統問卷設計與資料分析，幫助多家公司掌握消費者洞察。

但幾年後，她察覺單靠傳統方式已經無法滿足客戶需求。越來越多企業希望結合即時數據，快速做出市場反應。面對這種變化，以恩並未被動等待，而是主動投入新的知識領域。

她報名相關課程，學習即時數據分析工具，並在休假期間與業界專家交流。更重要的是，她積極將新技能應用到現有專案中，測試哪些方法能實際產生價值。

結果顯示，這些新技能不僅提升了報告深度，還讓客戶對她的依賴程度大幅提升。以恩也因此拓展了合作層面，成為企業內部討論市場策略時的必邀專家。

以恩深刻體會到，持續學習不只是應付挑戰，更是保持競爭優勢、創造新合作可能的必要步驟。

不斷精進，保持競爭優勢

學習不是階段性任務，而是長期提升自我價值的重要方式。持續學習，能讓你的價值隨時間而增長。

其核心價值：

- 維持市場競爭力：不斷吸收新知，跟上市場變化。
- 創造新合作場景：學習新技能，獲得更多合作可能。
- 累積專業深度：深化理解，讓你提出更具洞察的見解。

培養持續學習的習慣

訂定學習計畫，保持成長節奏

安排每季學習一項新技能，無論是技術工具還是策略思考，保持學習的慣性。例如：「這一季專注學習簡報設計，提升提案說服力。」

結合實務應用，加深理解

學習過程中，務必尋找實際應用機會。即使是自我練習，也能加深對技能的掌握。

與專家交流，縮短摸索時間

主動參與分享活動，或直接向業界熟手請教，能加速學習過程，避免走彎路。

學習跨界知識，拓寬視野

除了本業技能，適度涉獵其他領域知識，能帶來新的靈感與解決方案。例如：市場專家學習心理學，提升消費者洞察能力。

學習的終極目標是產生實際價值。請務必將新知識應用到工作或合作中，轉化為具體成果。

持續學習，保持前行的力量

當你持續精進自身能力，不僅能緊跟市場步伐，更能在變化中穩健前行，為自己與合作夥伴創造更多機會。

塑造信任資本，讓他人願意依賴你

劉佳欣是一位企業內部培訓顧問，在某次培訓合作中，客戶原本只安排了單場講座。但會議過程中，客戶突然提出希望加開兩場針對中階主管的工作坊。

佳欣面對緊急變動，沒有推諉，反而主動調整行程，並根據中階主管的需求重新設計課程內容。

活動結束後，客戶表示極為滿意，並說：「佳欣老師給我們很大的安心感，臨時需求也能從容應對。」

不只如此，佳欣的態度與專業，也讓這家企業日後每年培訓計畫都優先邀請她，甚至主動介紹給合作夥伴。

佳欣明白，專業能力固然重要，但能讓人願意長期依賴的關鍵，在於一份穩定的信任感。她的誠信與責任心，成為客戶選擇她的主要原因。

誠信是累積而來的

信任，是合作關係的根基。信任資本的累積，能讓你在關鍵時刻成為優先選擇。

核心價值：

- 建立長期合作基礎：有信任，合作自然延續。
- 強化口碑效應：被信任的人，更容易獲得正面推薦。
- 提升合作安全感：讓對方願意把挑戰交給你處理。

成為值得信賴的對象

誠實面對挑戰，勇於承認不足

合作過程中遇到困難時，坦誠溝通，比隱瞞問題更能贏得信任。例如：「目前進度遇到小挑戰，我們已採取應對措施，並預計在下週完成調整。」

穩定履行承諾，累積信任分數

無論是大事小事，都要說到做到。即使只是回覆一封郵件，準時回應也能展現責任感。

積極關心合作方的需求變化

主動了解合作方的需求變動，並適時提出應對建議。例如：「我們注意到近期您拓展新市場，是否需要額外的行銷支援？」

在非合作期間維持互動

即使暫時沒有合作，也不要中斷互動。例如：逢年節主動問候、分享有價值的資訊，持續累積信任感。

信任，是合作最強的橋梁

當你累積足夠的信任資本，就能在人脈圈中穩固立足，成為他人願意依賴的重要夥伴。這份信任，將成為你持續拓展合作機會的無形資產。

引導夥伴成長，有利無害

黃靖雯是一位資深產品經理，帶領團隊開發多款暢銷商品。她深知，團隊能力的提升，直接影響她自身的表現與口碑。

有次，團隊中的一位新進設計師在提案會議中表現欠佳，導致整體進度延後。會後，靖雯並沒有責備，而是主動約對方討論：「你的設計有潛力，不過提案方式需要更清楚一點。我們可以一起練習，下次會更好。」

她安排模擬簡報，親自指導對方如何簡化表達，強化視覺重點。經過幾輪練習，設計師的表現明顯提升，後續提案順利通過，團隊氣氛也更加積極正向。

這樣的經歷讓靖雯深刻體會到：幫助他人成長，不僅能促成團隊成功，也能無形中強化自身的影響力。團隊成員在外部交流時，常主動提及靖雯的指導，進一步提升她的業界聲譽。

影響力的養成，從來不是強制灌輸，而是透過幫助他人成功，讓自身價值自然放大。

為什麼要帶動他人成長？

- 強化專業形象：引導他人成長，累積正面口碑。
- 塑造良性循環：成就他人的同時，也助推自身發展。

影響力的最高境界，是能成為他人成功路上的推手。助人成功，便是擴大自身影響力的最佳途徑。

帶動他人成長，成就雙贏局面

主動識別他人成長的機會點

在日常交流中，留心夥伴的潛力與弱點，適時提供建議與資源支援。

例如：「你的報表架構清楚，如果能多強化數據解讀，效果會更好。」

創造練習與成長場域

安排小型專案或模擬演練，讓夥伴在實務中學習與進步。例如：「這次客戶簡報由你主導，我會從旁協助。」

分享經驗與技巧，降低學習門檻

定期與夥伴分享實戰經驗或技巧心得，幫助他們縮短成長曲線。

例如：「面對挑戰性問題，我通常會先這樣拆解 ......」

邀請共同參與外部交流

帶領夥伴參與外部活動或產業聚會，不僅能拓展他們的視野，也能提升你們雙方的曝光機會。

當你願意投入時間與心力，協助他人邁向成功，你的影響力也將隨之擴大。這不只是帶領團隊，也是讓自己在業界自然成長的有效方式。

第九章
塑造市場認可，將被廣泛看見

打造市場記憶點，讓你的名字與專業劃上等號

賴思妤是一位法律顧問，起初接案範圍很廣，從企業合約到勞資糾紛樣樣來者不拒。然而，市場上對她的印象始終模糊不清。直到有一次，她協助一家科技新創解決國際專利爭議案，過程中不僅成功化解衝突，還保護了客戶的關鍵技術。

這次經歷讓思妤開始思考：與其當一位「什麼都做」的律師，為何不專注於科技業的知識產權？於是她調整自己的簡介、講座主題，甚至在每次會議上強化這個訊息，逐漸塑造出「科技專利律師」的鮮明標籤。

幾年下來，不僅客戶主動找上門，甚至當業界討論到科技專利議題時，總會有人說：「這個找賴律師就對了。」她成功讓自己的名字，與專業領域劃上等號，成為市場自然聯想到的專家。

市場記憶點的重要性

在競爭激烈的環境裡，沒有清楚的記憶點，專業能力再強也容易被忽略。市場記憶點，是專業品牌的入口：

- 提升識別度：讓市場能迅速記住你與專業領域的連結。
- 增強指名度：當需求浮現時，第一時間想到你。
- 鞏固市場定位：清楚的標籤能幫助你在競爭中脫穎而出。

打造市場記憶點

聚焦單一鮮明標籤

選定一個明確的專業領域，避免範圍過於分散。例如：「專注於企業轉型財務架構設計」，比「財務顧問」來得具體且記憶度更高。

在各種場合堅持一致訊息

無論是簡報、名片設計或公開發言，都要統一傳遞專業定位。例如：自我介紹時強調「我專門協助企業布局國際專利防護」。

簡化介紹語句

讓他人能輕鬆複述你的專業，間接擴散你的市場標籤。例如：「她是專攻科技專利的律師。」簡單一句話，勝過複雜描述。

讓名字成為專業代名詞

當你打造出市場記憶點，不僅提升曝光機會，更能在無形中形成專業護城河。記住，讓市場記住你，是邁向市場認可的第一步。

成為議題發聲者，放大自身存在感

陳凱倫原本是一位默默無名的資深人資顧問，他擅長勞動法規與企業用人策略，但在市場上始終被大型顧問公司壓過風頭。

有一年，針對遠距工作的新規範引起熱議，凱倫看準時機，主動撰寫專業分析文章，並投遞至多家商業媒體。文章深入淺出，點出企業管理上的挑戰與應對方式，很快就被多家平臺轉載。

不僅如此，他還主動參加產業論壇，針對這個熱議題發表見解，甚至接受媒體採訪，進一步擴散聲量。隨著討論熱度攀升，凱倫也因此獲得大量企業邀約，請他為內部管理層進行專題講座。

他發現，成為議題發聲者不僅讓他被市場看見，更讓他在議題被提及時，自然成為第一參考對象。

為何要成為議題發聲者？

市場對專家的認可，來自你是否在關鍵議題中發聲。更有助於：

- 提升市場曝光：有議題就有聲音，有聲音就有關注。
- 塑造專業深度：公開見解能強化專業形象。
- 吸引合作機會：發聲帶來機會，機會創造價值。

掌握議題發聲權，才能在市場中占有一席之地。

用聲音占領舞臺

精準選擇切入議題

選擇與自身專業高度相關，且市場關注度高的議題。例如：「遠距工作政策調整」、「企業數位轉型挑戰」。

保持敏感度，第一時間做出反應

市場討論正熱時，迅速提出觀點。例如：「面對新規範，企業應如何提前做好員工協作安排？」

善用各類平臺

無論是產業活動、專欄投稿、還是接受專訪，都是放大聲音的好機會。保持主動積極，擴大影響範圍。

讓市場主動關注你的聲音

當你成為議題發聲者，市場自然會將目光投向你。這不僅提升能見度，也讓你的專業形象愈發穩固，為後續建立權威內容打下堅實基礎。確保每次發聲都有實質內容，避免淪為空泛評論，才能維持專業形象。

建立公開影響力資產

林恩慈是一位醫療產業管理顧問，長期協助醫療機構加速工作流程與提升服務品質。儘管專業深厚，但過往她的建議多半只停留在內部簡報與會議討論中，缺乏對外發聲的機會。

某天，她靈機一動，將多年累積的實戰經驗整理成一份完整的行業研究報告，聚焦在「高齡化社會下醫療服務創新」。報告中，她詳列各國應對高齡社會的具體做法，並提出針對臺灣市場的實務建議。

這份報告不僅被多家醫療機構引用，也吸引媒體爭相報導。更有政策單位參考其中數據，邀請她參與專案討論。

恩慈深刻體會到：專業知識如果只是停留在內部討論，價值有限；但一旦轉化為公開的權威內容，就能擴大影響力，甚至成為業界標竿。

打造權威內容

權威內容，是從專家邁向公認權威的重要階梯。

三大核心價值：

- 累積可被引用的專業資產：每一份內容都能延伸影響力。
- 提升公信力與專業地位：高品質內容讓市場自動貼上「權威」標籤。
- 形成被動擴散效果：好內容自帶傳播力，延伸觸及更多層次。

將專業內容轉化為市場資產系統

整理實務經驗

將過去合作案例、專案心得、數據觀察系統化整理，轉化為專業報告或文章。

聚焦市場痛點，提供解方

針對市場最關心的問題，提出具體可行的解決方案。比如：「應對高齡社會，醫療機構應如何重塑服務流程？」

提供數據支撐，增強說服力

內容中搭配權威數據，提升可信度與專業感。例如：引用調查結果或產業統計資料。

讓內容成為你的公開名片

定期發表新內容，保持在市場視野內，讓你的觀點與時俱進。內容必須扎實、具體，避免流於表面，才能真正發揮影響力。當你持續打造權威內容，市場將自然而然將你視為標準制定者。

善用第三方背書，提升公信力

簡智翔是一位永續發展顧問，長期協助企業規劃綠色轉型方案。早期，他雖然累積許多成功案例，但礙於影響力局限，始終難以打開更大的市場。

一次機緣，他受邀成為永續發展協會的專家顧問。藉由這個角色，智翔開始參與協會舉辦的論壇與白皮書編寫，同時與多家重量級企業有了直接交流機會。

協會發布的年度永續發展報告中，多次引用智翔的見解與建議，讓他的專業觀點被市場廣泛認可。許多企業主甚至未曾與他合作過，卻已主動洽詢：「我們看過協會報告，對您的見解非常有興趣。」

這讓智翔深刻體會到：當你的聲音得到權威機構或重要人物的肯定，自然能大幅提升市場公信力。

第三方背書的重要性

當市場上的專業人士尚未完全認識你時，第三方的肯定能有效加速認可過程。第三方背書，是信任感加速器：

- 快速建立公信力：權威推薦能迅速獲得市場信任。
- 提升曝光機會：第三方平臺讓你的聲音傳得更遠。
- 強化專業印象：被權威引用，等同專業地位被認證。

借力第三方，強化市場認可

參與權威機構活動

積極參與業界協會、專業論壇，爭取成為發言嘉賓或專案顧問。

主動投稿至專業媒體或期刊

專業媒體的發聲平臺，能有效放大專業影響力。例如：企業經營專欄、產業報告投稿。

與業界領袖互動，爭取推薦機會

在交流場合，適時分享專業觀點，爭取業界領袖認同與推薦。

整合多重背書資源

背書必須建立在真實專業基礎上，避免為了追求曝光而過度包裝，反而損害信任感。

不僅限於單一機構，廣泛爭取多個領域的第三方背書，能夠形成多層次的公信力，強化自身專業定位。

關鍵專案成就職業

蕭子翔是一位能源產業顧問，早年專注於中小型企業的能源效能改善，雖然專案執行經驗豐富，但始終侷限於小型市場，難以突破至大型企業的核心。

某年，子翔主動投標一項國內大型再生能源專案，儘管競爭激烈，他依然全力以赴，提交的方案融合了技術創新與商業可行性分析，最終成功中標。

專案執行期間，子翔不僅專注於技術，還主動與多方利害關係人保持良好溝通，適時提出建議，使專案執行效率遠超預期。

專案圓滿完成後，子翔的名字開始出現在行業報導與研討會議程上，更多大型企業也主動找上門，邀請他參與類似的高規格專案。

這次經驗讓他深刻體悟：重大專案不僅是執行任務，更是一次市場聲譽的大幅提升機會。只要成功完成，就能讓你的專業高度被整個市場認可。

積極參與重大專案

重大專案是市場認可度快速提升的加速器。參與重大專案，就是鞏固市場地位的關鍵一步：

- 強化專業地位：重大專案的成功，等同市場權威認證。
- 擴大市場能見度：專案曝光度高，能有效提升個人影響力。
- 創造後續高價值機會：順利完成大型專案，將打開更多高階合作門戶。

參與重大專案的實戰技巧

主動關注大型專案徵集資訊

經常留意政府、產業聯盟或大型企業的公開徵案訊息，抓住參與機會。

精準定位自己的競爭優勢

針對重大專案需求，明確標示你的專業強項與過往成果。例如：「我們擅長跨部門溝通，能有效整合多方資源。」

合作聯手，提升專案競爭力

結合其他專業夥伴的力量，共同組成競爭力更強的團隊參與投標。

積極記錄專案過程

重大專案通常複雜度高，務必充分準備並進行風險管理，確保過程順利推進。

不僅專案成果，過程中的關鍵突破與經驗也應詳實記錄，便於日後對外分享，強化市場認可度。每完成一個重大專案，都是對你專業實力的最佳背書。

跨境交流，打開國際視野

鍾雅倫是一位餐飲產業策略顧問，過去主要服務本地連鎖品牌，雖然業績穩定，但始終覺得市場略顯侷限。

偶然機會，她參與了一場國際餐飲創新論壇。在會議中，雅倫分享了她對亞洲市場消費行為變化的觀察，獲得在場多位國際業者的高度關注。

論壇結束後，數家海外品牌陸續聯絡雅倫，洽詢市場進入策略與合作可能。甚至有一家歐洲連鎖餐廳，邀請她擔任亞太市場顧問，協助制定區域拓展計畫。

這次跨境交流經驗讓雅倫明白：當你願意走出熟悉的市場邊界，主動與國際業界互動，便能為自身專業創造更廣闊的發展舞臺。

在國際舞臺上的價值

跨境交流是打破市場限制、擴展影響力的重要途徑。

- 拓展專業觸及範圍：國際舞臺讓你的聲音被更廣泛聽見。

- 學習多元市場觀點：跨市場交流帶來新視野與靈感。
- 建立全球合作：獲得國際合作機會，讓專業影響力突破地域界限。

跨境交流必知

鎖定國際交流平臺

主動參與國際論壇、研討會，或跨境行業協會的交流活動。

精準準備在地化觀點

結合本地市場洞察，提供外部參與者高度參考價值的觀點。例如：「臺南消費者對食品安全的敏感度變化趨勢。」

建立國際人脈，持續互動

活動結束後，與交流對象保持聯絡，定期分享市場新動態，維持良好互動。

積極爭取國際合作案

參與國際交流，務必深入互動，避免淪為「到此一遊」，真正建立有價值的合作關係。

不僅參與交流，更要尋找合作可能。例如：主動提出市場進入建議，或參與國際品牌的區域專案。

當你透過跨境交流打開視野，不僅能獲取新的市場洞察，也能讓你的專業影響力不再受限於本地市場，邁向更高層次的發展舞臺。

累積公開紀錄，打造可查詢的專業形象

洪紹寧是一位專精於環境設計的顧問，過去他完成了不少優質專案，卻總覺得市場上對他的了解有限。紹寧的朋友提醒他：「你的成績雖好，但外界不一定看得到。」

他開始著手整理自己的專業紀錄。每完成一個案子，他就彙整設計成果、客戶回饋與專案亮點，並整理成簡單明瞭的案例分享。除此之外，紹寧也積極接受業界雜誌的專訪，針對永續建築趨勢分享想法。

逐步累積下來，當潛在客戶搜尋相關領域資訊時，經常能看到紹寧過往的專業紀錄。這種透明且豐富的「可查詢形象」，讓他在市場上建立起穩固的信任感，甚至有新客戶開口就說：「我們看到您過去的案例，覺得非常符合需求。」

紹寧深刻體悟到，單靠口碑或內部成果還不夠，讓市場能夠輕鬆查詢到你的專業紀錄，才是長久累積信任的重要途徑。

透明足跡，成就專業形象

公開紀錄能將過往成就轉化為持續發揮效力的資產。

三大核心價值：

- 強化市場信任感：可查詢的專業紀錄，能讓人迅速建立信任。
- 提高曝光與被動機會：當市場主動搜尋，你的專業成績自然被發現。
- 塑造專業印象：每份紀錄都是實力的佐證，形成堅實形象。

可查詢的專業形象，等於替自己建立了一張永不過期的名片。

累積公開紀錄的實用建議

定期整理專業成果

完成專案後，不要只留存在內部資料，適當整理成對外可分享的案例摘要。

善用第三方平臺留下紀錄

多參與業界活動、專業媒體投稿，並確保留下公開報導或採訪紀錄。

結合多媒體呈現，增加可讀性

運用圖片、影片或資訊圖表，讓專業紀錄更具吸引力與可讀性。

主動管理網路足跡

定期查閱自己的公開資訊，確保呈現最新且正面的專業形象。紀錄要真實可靠，避免為求吸引目光而過度渲染，影響公信力。累積足夠公開紀錄，市場將能清楚地知道你的專業實力，並且在需要時第一時間想到你。

從專家走向品牌

方子瑄是一位專門協助企業提升內部溝通效率的顧問，過去她專注於為不同企業量身打造內部培訓計畫，成效卓著，但她發現，許多客戶雖然滿意成果，卻僅止於單一合作，不會主動擴散她的專業價值。

她開始重新審視自身的發展策略。子瑄意識到，若要從專家角色躍升為市場品牌，必須將專業影響力轉化為明確的市場價值。

她著手整理過往專案經驗，提煉出一套「企業內部溝通五階段改良模型」，並以這套模型為核心，展開系列課程、出版專書，並接受專業論壇邀請，分享成功經驗。

漸漸地，市場上對她的認知不再只是「某某企業的顧問」，而是「企業內部溝通領域的領頭人」。無論企業規模大小，只要遇到相關挑戰，都會第一時間想到她。

子瑄深刻體會到：專業可以是默默無聞的執行力，但當它被包裝為具體且易於識別的價值體系時，就能升級為市場品牌，帶來源源不絕的合作機會。

為什麼要讓專業成為市場價值？

專業能力若不被市場認可與記憶，即使再優秀也無法轉化為長期機會。

從專業到品牌，是影響力持續放大的轉折點：

- 強化市場定位：讓市場清楚知道你能解決哪些問題。
- 提升被動機會流入：品牌效應帶來主動找上的合作機會。
- 形成長期影響力：將專業知識轉化為持續輸出的品牌資產。

成為市場標竿

提煉專業方法論，建立專屬模型

將自身經驗歸納為可視化、可複製的方法框架，方便市場識別與引用。例如：「企業溝通五階段改良模型」。

視覺化專業形象，打造市場識別度

不僅專業內容，個人形象設計、視覺素材也需一致化，強化市場對你的印象。

積極建立多元輸出管道

善用講座、出版、專業課程等多元形式，讓專業知識變成市場可見的價值產品。

善用市場反饋確立品牌定位

持續收集合作方與市場的回饋，適時調整品牌訊息與內容輸出策略，確保市場持續認可。

雖然需要明確的品牌定位，但仍需保持彈性，避免過度自我設限，忽略新興需求與市場變化。

專業躍升為品牌，創造無限可能

當你成功讓專業成為市場認可的品牌，便不再只是眾多專家之一，而是成為市場上無可忽視的代表人物。合作機會不再需要你四處爭取，而是自然流向你。從默默耕耘到市場焦點，這是專業升級為品牌的真正價值。

電子書購買　爽讀 APP

國家圖書館出版品預行編目資料

攻心話術，掌握對話主導權的九大商場實戰心法：心理洞察 × 精準對答 × 高效說服，切合對方需求，讓合作機會主動找上門 / 顧知遠 著 . -- 第一版 . -- 臺北市：樂律文化事業有限公司，2025.06
面；　公分
POD 版
ISBN 978-626-7699-39-3(平裝)
1.CST: 傳播心理學 2.CST: 職場成功法
177.1　　　　　114007086

攻心話術，掌握對話主導權的九大商場實戰心法：心理洞察 × 精準對答 × 高效說服，切合對方需求，讓合作機會主動找上門

臉書

作　　者：顧知遠
發 行 人：黃振庭
出 版 者：樂律文化事業有限公司
發 行 者：崧博出版事業有限公司
E-mail：sonbookservice@gmail.com
粉 絲 頁：https://www.facebook.com/sonbookss/
網　　址：https://sonbook.net/
地　　址：台北市中正區重慶南路一段 61 號 8 樓
8F., No.61, Sec. 1, Chongqing S. Rd., Zhongzheng Dist., Taipei City 100, Taiwan
電　　話：(02) 2370-3310　**傳　　真**：(02) 2388-1990
律師顧問：廣華律師事務所 張珮琦律師

定　　價：375 元
發行日期：2025 年 06 月第一版
◎本書以 POD 印製